Collection **LYCÉE** dirigée par
Sophie Pailloux-Riggi
Agrégée de Lettres modernes

Beaumarchais

La Folle Journée ou

Le Mariage de Figaro

comédie

1784

texte intégral

Édition présentée par
Françoise Rio
Agrégée de Lettres modernes

Nathan

sommaire

Contextes

Lire *Le Mariage de Figaro*

Dossier central images en couleur

ISBN 978-2-09-188986-3

Relire *Le Mariage de Figaro*

sommaire

Qui est Beaumarchais en 1784 ?

Un infatigable homme d'affaires et d'intrigue

À cinquante-deux ans, Beaumarchais savoure le succès de scandale du Mariage de Figaro et l'apogée de sa vie d'aventurier, qui lui vaut autant d'admirateurs que d'ennemis. Fils d'horloger, Pierre Augustin Caron (qui prendra plus tard le nom « de Beaumarchais ») doit en partie son ambition à ce monde de l'artisanat dont sont issues plusieurs figures des Lumières, comme Diderot et Rousseau. Apprenti à treize ans, le jeune homme se fait connaître à vingt et un ans en inventant un mécanisme de montre. Ce premier succès lui ouvre les portes de la Cour de Louis XV : il y sera successivement maître de harpe, secrétaire du roi, lieutenant-général des chasses, et, plus tard, agent secret. Anobli en 1761, fort de ses relations mondaines et de son goût des affaires, Beaumarchais s'enrichit en s'associant au puissant financier Pâris-Duverney. Mais, en 1770, celui-ci meurt et lègue sa fortune à son neveu, le Comte de la Blache, ennemi juré de Beaumarchais.

« J'ai tout vu, tout fait, tout usé. »

Un maître de la polémique

Entre 1772 et 1774, plusieurs procès vont en effet opposer Beaumarchais à l'héritier de Pâris-Duverney : ce dernier conteste l'authenticité d'une reconnaissance de dettes signée par son oncle en faveur de l'auteur. Ruiné, Beaumarchais demande la révision du procès et accuse de corruption le juge Goëzman (caricaturé dans Le Mariage de *Figaro* en don Gusman Brid'oison). Cette longue affaire accroît la notoriété de Beaumarchais : il publie quatre *Mémoires* contre Goëzman qui sont de véritables chefs-d'œuvre de raillerie satirique ! Goëzman est finalement révoqué ; quant à Beaumarchais, privé de ses droits civiques, il sera néanmoins chargé par le roi de missions secrètes à Londres en 1775. Il soutient dès lors avec passion le combat des insurgés américains contre les Anglais.

Un dramaturge à succès

Entre activisme et liaisons féminines, Beaumarchais trouve encore le temps de mener une carrière de dramaturge. Sa renommée en ce domaine tient essentiellement à la trilogie mettant en scène la famille Almaviva et son valet Figaro : *Le Barbier de Séville* ou La *Précaution inutile* (comédie, 1775), *La Folle Journée* ou *Le Mariage de Figaro* (comédie, 1784), *L'Autre Tartuffe* ou *La Mère coupable* (drame, 1792). En outre, Beaumarchais apporte sa contribution au monde des lettres : il fonde en 1777 la Société des auteurs dramatiques, destinée à protéger leurs droits. Cette lutte aboutira à la reconnaissance légale du droit d'auteur par l'Assemblée constituante, le 13 janvier 1791. La représentation du *Mariage de Figaro*, en 1784, au terme de quatre années de combat contre la censure, marque l'apogée de la carrière de Beaumarchais : il rencontre un triomphe que ne ternira pas son emprisonnement du 8 au 13 mars 1785, sur ordre du roi, qui s'était cru attaqué par une lettre de l'auteur parue dans un journal. Deux ans plus tard, Beaumarchais fait jouer un opéra, *Tarare*, et achève la publication des œuvres complètes de Voltaire.

Une fin de vie difficile

Dans sa somptueuse demeure tout près de la Bastille, à Paris, Beaumarchais suivra avec enthousiasme les débuts de la Révolution, bien que sa richesse tapageuse le rende suspect aux yeux de certains. Il tente en 1792 d'acheter des armes pour l'armée révolutionnaire française en guerre contre les monarchies européennes : l'affaire, dite des « fusils de Hollande » se soldera par un désastre financier. Il échappe de peu à la guillotine durant la Terreur, en 1793. En exil à Hambourg, il mènera une vie assez misérable jusqu'à son retour à Paris en 1796, trois ans avant sa mort.

Le* Mariage *triomphe, après quatre ans de combat contre la censure.

Le crépuscule de la monarchie française

Une façade brillante et festive

La gaieté qui ressort du *Mariage de Figaro* ne reflète pas seulement l'optimisme de son auteur mais aussi une certaine réalité de la France d'alors. Malgré les crises et les grandes disparités sociales, le siècle des Lumières coïncide avec une période d'expansion économique, de progrès scientifiques et techniques, et d'essor démographique qui donnent à la France un rayonnement international, encore accru par le prestige de son élite intellectuelle. Sous le règne de Louis XV (1723-1774) puis de Louis XVI (1774-1793) jusqu'à la période révolutionnaire, la Cour donne le ton en organisant des fêtes somptueuses à Versailles, tandis que les nobles et les grands bourgeois s'adonnent aux plaisirs mondains dans les salons, les clubs et les cafés. La recherche du bonheur et le goût du plaisir passent aussi, pour certains, par le libertinage, c'est-à-dire la liberté des mœurs sexuelles qu'illustrent le Comte Almaviva dans la pièce de Beaumarchais, et de nombreux romans libertins (dont *Les Liaisons dangereuses* de Laclos, publié en 1782). Cette atmosphère de « fêtes galantes » qu'on retrouve dans les tableaux de l'époque, de Watteau à Fragonard, ne peut cependant masquer les tensions d'une société en déclin.

« Tout finit par des chansons. »

Des fondements ébranlés

La contestation des institutions politiques et de l'ordre social, orchestrée tout au long du siècle par les revendications des Lumières, s'intensifie durant la décennie pré-révolutionnaire. L'indécision du jeune Louis XVI discrédite le régime monarchique dont on dénonce les dépenses excessives, alors que le pays souffre d'une crise financière, provoquée par la participation à la guerre d'indépendance américaine. En province comme à Paris, le tiers état (soit 98 % de la population) proteste contre le poids des impôts et les inégalités sociales, tandis que la noblesse veut maintenir ses privilèges et participer davantage au pouvoir, jugé trop centralisé. L'institution judiciaire est également critiquée, comme le suggère la mise en scène du procès dans *Le Mariage de Figaro*. Face à la montée de l'agitation sociale, le roi devra se résoudre à convoquer les États généraux, assemblée représentative des trois ordres (clergé, noblesse, tiers état), dont la réunion en mai 1789 déclenchera le processus révolutionnaire.

Une volonté de réformes dans l'esprit des Lumières

La pièce de Beaumarchais, qu'on a jugée après coup annonciatrice de 1789 (voir L'Œuvre en débat, p. 250), témoigne de l'insatisfaction d'une société désireuse d'évolution sinon de révolution. Le mouvement des Lumières a fait valoir le droit de chacun au bonheur et l'idéal d'une liberté individuelle, qui s'oppose à l'appartenance immuable à une caste déterminée par la naissance. Figaro, qui revendique son mérite personnel contre les privilèges innés du Comte Almaviva, symbolise à cet égard les revendications des roturiers, c'est-à-dire de tous ceux qui ne sont pas nobles, et particulièrement de la bourgeoisie. Tout au long du siècle, l'effervescence des débats, la multiplication des lieux de sociabilité et l'essor de la presse ont permis de constituer une véritable opinion publique, susceptible d'exercer une pression sur le pouvoir. Beaumarchais, qui a su remarquablement tirer parti de cette opinion, apparaît à cet égard comme le précurseur du pouvoir actuel de la communication et des médias.

« Qu'avez-vous fait pour tant de biens ? Vous vous êtes donné la peine de naître, et rien de plus. »

La passion du théâtre au XVIIIe siècle

Un public amateur de spectacles

Le théâtre est, au XVIIIe siècle, le divertissement favori des citadins, qui viennent au spectacle pour voir autant que pour être vus. Les salles parisiennes se spécialisent par genres : tragédies et comédies classiques, farces populaires mais aussi opéras et ballets. De nombreux « théâtres de société » proposent en outre des représentations privées dans des salons parisiens ou des châteaux de province. Passionné de théâtre, Beaumarchais s'est essayé à toutes les formes d'écriture dramatique de son temps, en commençant par les « parades », divertissements inspirés des farces populaires qui amusent un public lettré par des allusions obscènes. Le XVIIIe siècle connaît aussi une crise de la dramaturgie classique, qui s'était imposée au siècle précédent : tandis que Marivaux (1688-1763) puis Beaumarchais renouvellent le genre comique, la tragédie se voit supplantée par l'invention d'un nouveau genre, le drame dit « sérieux » ou « bourgeois ».

Marivaux et Beaumarchais renouvellent le genre comique.

Un genre nouveau : le drame

Avec *Le Fils naturel* (1757), les *Entretiens sur le Fils naturel*, ou encore *Le Père de famille* (1758), *Diderot est le théoricien* et le principal représentant du drame,

1732 : Naissance de Pierre Augustin Caron

1757-1763 : Rédaction de « parades »

1767 : *Eugénie* (drame). *Essai sur le genre dramatique sérieux*

1772-1774 : Procès contre La Blache et Goëzman

1715 Régence de Philippe d'Orléans 1723

Règne de Louis XV

1730 : Marivaux, *le Jeu de l'amour et du hasard*

1759 : Voltaire, *Candide*

1757 : Diderot, *Le Fils naturel*

1751-1772 : l'*Encyclopédie*

1762-1777 : Diderot, *Le Neveu de Rameau*

1762 : Rousseau, *Émile*. *Du contrat social*

qu'illustreront également certaines pièces de Beaumarchais (*Eugénie* en 1767, *La Mère coupable* en 1792).

Contrairement à la tragédie classique, qui puise ses sujets dans la mythologie ou l'histoire antique et qui met en scène des personnages de haut rang, le drame se situe dans le cadre quotidien de la famille bourgeoise, substitue l'analyse des « conditions » sociales à celle des « caractères » psycholo-giques, et exalte la « vertu » menacée par le vice aristocratique, en jouant sur la corde sensible des émotions. Si ce genre dramatique, trop moralisateur, ne passe guère à la postérité, il a néanmoins ouvert la voie au théâtre moderne en donnant un rôle essentiel à la mise en scène et au jeu des comédiens.

Le Mariage de Figaro, comédie de tous les records

Le Mariage de Figaro est le volet central, et aussi la pièce maîtresse, de la trilogie qui commence avec *Le Barbier de Séville* et s'achève avec *La Mère coupable*.

Un genre qui a ouvert la voie au théâtre moderne.

Le Barbier de Séville, d'abord hué dans sa version en cinq actes, triomphe sous une forme allégée en quatre actes en février 1775. L'intrigue rappelle celle de *L'École des femmes* (1662) de Molière : aidé par Figaro,

1775 : Missions secrètes à Londres. Triomphe du *Barbier de Séville*

1776 : Soutien aux insurgés américains

1784 : Triomphe du *Mariage de Figaro*

1787 : *Tarare* (Opéra)

1792 : *La Mère coupable*

1799 : Mort de Beaumarchais

774 Règne de Louis XVI 1789 Révolution française 1795 Directoire 1799 Consulat

1776 : Déclaration d'indépendance des États-Unis

1782 : Laclos, *Les Liaisons dangereuses.* Rousseau, *Les Confessions*

1786 : Mozart, *Les Noces de Figaro* (Opéra)

alors barbier à Séville, le jeune Comte Almaviva séduit Rosine qui se voyait contrainte d'épouser son vieux tuteur Bartholo. La pièce accumule les péripéties et multiplie les effets comiques afin de « ramener au théâtre l'ancienne et franche gaieté, en l'alliant avec le ton léger de notre plaisanterie actuelle » (préface du *Mariage de Figaro*).

Ramener au théâtre l'ancienne et franche gaieté.

En 1792, en pleine Révolution, *La Mère coupable* achèvera le roman de la famille Almaviva sous forme d'un drame fort éloigné de la gaieté des deux premières pièces : vingt ans après leur mariage, Figaro et Suzanne déjouent le piège d'un méchant personnage, inspiré du Tartuffe de Molière, qui cherche à exploiter les secrets de famille (la Comtesse a en effet eu un fils de Chérubin, mort à la guerre, et le Comte a également eu une fille hors mariage, qu'il fait passer pour sa pupille). Entre ces deux pièces si opposées, *Le Mariage de Figaro* mêle allègrement les registres et les intrigues dans une comédie qui bat tous les records : pièce la plus longue du répertoire d'alors, elle comporte également le monologue le plus développé et fut enfin le plus grand succès du siècle, après une genèse mouvementée qui contribua d'ailleurs à son triomphe.

Une pièce dangereuse ?

Beaumarchais conçut probablement une première version du *Mariage* dès 1778 : il la présenta aux Comédiens-Français en 1781 mais dut modifier son texte et se démener contre la censure pour vaincre l'hostilité de Louis XVI. Celui-ci aurait en effet déclaré : « Il faudrait détruire la Bastille pour que la représentation de cette pièce ne fût pas une inconséquence dangereuse. » La phrase prendra une résonance prémonitoire, lorsque Figaro fera figure de précurseur de la Révolution et des revendications du tiers état.

« Sans la liberté de blâmer,
il n'est point d'éloge flatteur. »
(Beaumarchais)

Lire...

La Folle Journée ou

Le Mariage de Figaro

1784
Beaumarchais

comédie

texte intégral

Épître dédicatoire

Épître dédicatoire aux personnes trompées sur ma pièce et qui n'ont pas voulu la voir[1].

Ô vous que je ne nommerai point ! Cœurs généreux, esprits justes, à qui l'on a donné des préventions[2] contre un ouvrage réfléchi, beaucoup plus gai qu'il n'est frivole ; soit que vous l'acceptiez ou non, je vous en fais l'hommage, et c'est tromper l'envie dans une de ses mesures. Si le hasard vous la fait lire, il la trompera dans une autre, en vous montrant quelle confiance est due à tant de rapports qu'on vous fait !

Un objet de pur agrément peut s'élever encore à l'honneur d'un plus grand mérite : c'est de vous rappeler cette vérité de tous les temps, qu'on connaît mal les hommes et les ouvrages quand on les juge sur la foi d'autrui ; que les personnes, surtout dont l'opinion est d'un grand poids, s'exposent à glacer sans le vouloir ce qu'il fallait peut-être encourager, lorsqu'elles négligent de prendre pour base de leurs jugements le seul conseil qui soit bien pur : celui de leurs propres lumières.

Ma résignation égale mon profond respect.

L'auteur
1784

1. L'expression désigne le roi et la reine, à qui s'adresse cette dédicace.
2. Préjugés défavorables.

Préface (extraits)

En écrivant cette préface, mon but n'est pas de rechercher oiseusement[1] si j'ai mis au théâtre une pièce bonne ou mauvaise ; il n'est plus temps pour moi, mais d'examiner scrupuleusement, et je le dois toujours, si j'ai fait une œuvre blâmable.

Personne n'étant tenu de faire une comédie qui ressemble aux autres, si je me suis écarté d'un chemin trop battu, pour des raisons qui m'ont paru solides, ira-t-on me juger, comme l'ont fait MM. tels, sur des règles qui ne sont pas les miennes ? imprimer puérilement que je reporte l'art à son enfance, parce que j'entreprends de frayer un nouveau sentier à cet art dont la loi première, et peut-être la seule, est d'amuser en instruisant[2] ? Mais ce n'est pas de cela qu'il s'agit.

Il y a souvent très loin du mal que l'on dit d'un ouvrage à celui qu'on en pense. Le trait qui nous poursuit, le mot qui importune reste enseveli dans le cœur, pendant que la bouche se venge en blâmant presque tout le reste. De sorte qu'on peut regarder comme un point établi au théâtre, qu'en fait de reproche à l'auteur, ce qui nous affecte le plus est ce dont on parle le moins.

Il est peut-être utile de dévoiler aux yeux de tous ce double aspect des comédies, et j'aurai fait encore un bon usage de la mienne, si je parviens, en la scrutant, à fixer l'opinion publique sur ce qu'on doit entendre par ces mots : Qu'est-ce que LA DÉCENCE THÉÂTRALE ?

À force de nous montrer délicats, fins connaisseurs et d'affecter, comme j'ai dit autre part, l'hypocrisie de la décence auprès du relâchement des mœurs, nous devenons

La « décence » théâtrale

Emprunté au verbe latin *decet* (« il convient »), le terme de décence renvoie ici à la règle classique des bienséances théâtrales et à la question alors fondamentale de la moralité des pièces. Toute la préface vise à prouver la « décence » du *Mariage de Figaro* contre ses détracteurs et à prôner une dramaturgie nouvelle. ■

1. Inutilement.
2. Beaumarchais reprend ici la devise des auteurs de théâtre classique, qui voulaient à la fois « plaire et instruire ».

des êtres nuls, incapables de s'amuser et de juger de ce qui leur convient, faut-il le dire enfin ? des bégueules rassasiées[1] qui ne savent plus ce qu'elles veulent ni ce qu'elles doivent aimer ou rejeter. Déjà ces mots si rebattus, *bon ton*, *bonne compagnie,* toujours ajustés au niveau de chaque insipide coterie[2] et dont la latitude est si grande qu'on ne sait où ils commencent et finissent, ont détruit la franche et vraie gaieté qui distinguait de tout autre le comique de notre nation.

Ajoutez-y le pédantesque[3] abus de ces autres grands mots, *décence* et *bonnes mœurs*, qui donnent un air si important, si supérieur que nos jugeurs de comédies seraient désolés de n'avoir pas à les prononcer sur toutes les pièces de théâtre, et vous connaîtrez à peu près ce qui garrotte[4] le génie, intimide tous les auteurs, et porte un coup mortel à la vigueur de l'intrigue, sans laquelle il n'y a pourtant que du bel esprit à la glace[5] et des comédies de quatre jours.

Enfin, pour dernier mal, tous les états de la société sont parvenus à se soustraire à la censure dramatique : on ne pourrait mettre au théâtre *Les Plaideurs* de Racine[6], sans entendre aujourd'hui les Dandins et les Brid'oisons[7], même des gens plus éclairés, s'écrier qu'il n'y a plus ni mœurs, ni respect pour les magistrats.

On ne ferait point le *Turcaret*[8], sans avoir à l'instant sur les bras fermes[9], sous-fermes, traites et gabelles, droits-réunis, tailles, taillons, le trop-plein, le trop-bu, tous les impositeurs royaux. Il est vrai qu'aujourd'hui *Turcaret* n'a plus de modèles. On l'offrirait sous d'autres traits, l'obstacle resterait le même.

On ne jouerait point *les fâcheux*, *les marquis*, *les emprunteurs* de Molière, sans révolter à la fois la haute, la

1. Des prudes blasées.
2. Clan de personnes défendant leurs intérêts.
3. Qui affiche avec prétention un certain savoir.
4. Étrangle
5. Esprit glacé, insensible.
6. Comédie (1668) qui fait la satire des plaideurs et des magistrats.
7. Dandin est juge dans *Le Tiers Livre* de Rabelais (1546) et la pièce de Racine, *Les Plaideurs* (1668) ; Brid'oison est le juge dans *Le Mariage de Figaro*.
8. Comédie de Lesage (1709) qui dénonce le milieu des financiers.
9. Ce terme et les suivants désignent par métonymie les administrations chargées de percevoir les divers impôts. Le « trop-plein » est un jeu de mot inventé par Beaumarchais.

moyenne, la moderne et l'antique noblesse. Ses *Femmes savantes*[10] irriteraient nos féminins bureaux d'esprit[11] ; mais quel calculateur peut évaluer la force et la longueur du levier qu'il faudrait, de nos jours, pour élever jusqu'au théâtre l'œuvre sublime du *Tartuffe*[12] ? Aussi l'auteur qui se compromet avec le public, *pour l'amuser ou pour l'instruire*, au lieu d'intriguer[13] à son choix son ouvrage, est-il obligé de tourniller[14] dans des incidents impossibles, de persifler[15] au lieu de rire, et de prendre ses modèles hors de la société, crainte de se trouver mille ennemis, dont il ne connaissait aucun en composant son triste drame.

J'ai donc réfléchi que si quelque homme courageux ne secouait pas toute cette poussière, bientôt l'ennui des pièces françaises porterait la nation au frivole opéra-comique[16], et plus loin encore, aux boulevards, à ce ramas infect de tréteaux[17] élevés à notre honte, où la décente liberté, bannie du théâtre français, se change en une licence effrénée[18], où la jeunesse va se nourrir de grossières inepties, et perdre, avec ses mœurs, le goût de la décence et des chefs-d'œuvre de nos maîtres. J'ai tenté d'être cet homme, et si je n'ai pas mis plus de talent à mes ouvrages, au moins mon intention s'est-elle manifestée dans tous.

J'ai pensé, je pense encore, qu'on n'obtient ni grand pathétique, ni profonde moralité, ni bon et vrai comique au théâtre, sans des situations fortes et qui naissent toujours d'une disconvenance sociale[19] dans le sujet qu'on veut traiter. L'auteur tragique, hardi dans ses moyens, ose admettre le crime atroce : les conspirations, l'usurpation du trône, le meurtre, l'empoisonnement, l'inceste dans *Œdipe et Phèdre* ; le fratricide dans *Vendôme* ; le parricide dans *Mahomet* ; le régicide dans *Macbeth*[20], etc., etc. La comédie, moins

10. Comédie (1672) ridiculisant les femmes intellectuelles.
11. Péjoratif. Associations de personnes s'occupant de littérature.
12. Comédie de Molière (1664-1669) dénonçant la fausse dévotion.
13. Construire une intrigue bien ficelée.
14. Tourner de tous côtés.
15. Railler, moquer.
16. Le terme désigne à la fois des théâtres privés ambulants et le genre de pièce populaire mêlant dialogues et chants.
17. Le théâtre de foire.
18. Liberté excessive.
19. Opposition entre le caractère ou la situation d'un personnage et les exigences de sa condition sociale.
20. Tragédies des XVIIe et XVIIIe siècles.

audacieuse, n'excède pas les disconvenances, parce que ses tableaux sont tirés de nos mœurs, ses sujets de la société. Mais comment frapper sur l'avarice, à moins de mettre en scène un méprisable avare ? démasquer l'hypocrisie sans montrer, comme Orgon, dans le *Tartuffe*, un abominable hypocrite, *épousant sa fille et convoitant sa femme* ? un homme à bonnes fortunes[1], sans le faire parcourir un cercle entier de femmes galantes ? un joueur effréné[2], sans l'envelopper de fripons, s'il ne l'est pas déjà lui-même ?

Tous ces gens-là sont loin d'être vertueux ; l'auteur ne les donne pas pour tels : il n'est le patron d'aucun d'eux, il est le peintre de leurs vices. Et parce que le lion est féroce, le loup vorace et glouton, le renard rusé, cauteleux[3], la fable est-elle sans moralité ? Quand l'auteur la dirige contre un sot que la louange enivre, il fait choir du bec du corbeau le fromage dans la gueule du renard ; sa moralité est remplie ; s'il la tournait contre le bas flatteur, il finirait son apologue ainsi : « Le renard s'en saisit, le dévore, mais le fromage était empoisonné. » La fable est une comédie légère, et toute comédie n'est qu'un long apologue ; leur différence est que dans la fable les animaux ont de l'esprit, et que dans notre comédie les hommes sont souvent des bêtes, et, qui pis est, des bêtes méchantes. […]

Me livrant à mon gai caractère, j'ai depuis tenté, dans *Le Barbier de Séville*, de ramener au théâtre l'ancienne et franche gaieté, en l'alliant avec le ton léger de notre plaisanterie actuelle mais comme cela même était une espèce de nouveauté, la pièce fut vivement poursuivie. Il semblait que j'eusse ébranlé l'État ; l'excès des précautions qu'on prit et des cris qu'on fit contre moi décelait surtout la frayeur que certains vicieux de ce temps avaient de s'y voir

1. Séducteur.
2. Allusion à une comédie de Regnard (1655-1709), *Le Joueur* (1696).
3. Rusé et sournois.
4. Bref récit qui comporte une morale ou qui a une visée augmentative.

démasqués. La pièce fut censurée quatre fois, cartonnée[5] trois fois sur l'affiche à l'instant d'être jouée, dénoncée même au Parlement d'alors ; et moi, frappé de ce tumulte, je persistais à demander que le public restât le juge de ce que j'avais destiné à l'amusement du public.

Je l'obtins au bout de trois ans. Après les clameurs, les éloges ; et chacun me disait tout bas : « Faites-nous donc des pièces de ce genre, puisqu'il n'y a plus que vous qui osiez rire en face. »

Un auteur désolé par la cabale[6] et les criards, mais qui voit sa pièce marcher, reprend courage, et c'est ce que j'ai fait. Feu M. le prince de Conti[7], de patriotique mémoire (car, en frappant l'air de son nom, l'on sent vibrer le vieux mot *patrie*), feu M. le prince de Conti, donc, me porta le défi public de mettre au théâtre ma préface du *Barbier*, plus gaie, disait-il, que la pièce, et d'y montrer la famille de Figaro, que j'indiquais dans cette préface. « Monseigneur, lui répondis-je, si je mettais une seconde fois ce caractère sur la scène, comme je le montrerais plus âgé, qu'il en saurait quelque peu davantage, ce serait bien un autre bruit, et qui sait s'il verrait le jour ! » Cependant, par respect, j'acceptai le défi ; je composai cette *Folle Journée*, qui cause aujourd'hui la rumeur. Il daigna la voir le premier. C'était un homme d'un grand caractère, un prince auguste, un esprit noble et fier : le dirai-je ? il en fut content.

Mais quel piège, hélas ! j'ai tendu au jugement de nos critiques en appelant ma comédie du vain nom de *Folle Journée* ! Mon objet était bien de lui ôter quelque importance ; mais je ne savais pas encore à quel point un changement d'annonce peut égarer tous les esprits. En lui laissant son véritable titre, on eût lu *L'Époux suborneur*[8].

5. L'affiche d'une pièce censurée était recouverte d'un carton indiquant son annulation ou annonçant la représentation d'une autre pièce.
6. Complot.
7. Grand capitaine militaire et protecteur des écrivains et des artistes.
8. Séducteur, corrompu.

C'était pour eux une autre piste ; on me courait[1] différemment. Mais ce nom de *Folle journée* les a mis à cent lieues de moi : ils n'ont plus rien vu dans l'ouvrage que ce qui n'y sera jamais ; et cette remarque un peu sévère sur la facilité de prendre le change[2] a plus d'étendue qu'on ne croit. Au lieu du nom de *George Dandin*, si Molière eût appelé son drame : *La Sottise des alliances*, il eût porté bien plus de fruit ; si Regnard eût nommé son *Légataire* : *La Punition du célibat*, la pièce nous eût fait frémir. Ce à quoi il ne songea pas, je l'ai fait avec réflexion. Mais qu'on ferait un beau chapitre sur tous les jugements des hommes et la morale du théâtre, et qu'on pourrait intituler : *De l'influence de l'affiche* !

Quoi qu'il en soit, *La Folle Journée* resta cinq ans au portefeuille[3] ; les Comédiens[4] ont su que je l'avais, ils me l'ont enfin arrachée. S'ils ont bien ou mal fait pour eux, c'est ce qu'on a pu voir depuis. Soit que la difficulté de la rendre excitât leur émulation, soit qu'ils sentissent, avec le public, que pour lui plaire en comédie, il fallait de nouveaux efforts, jamais pièce aussi difficile n'a été jouée avec autant d'ensemble ; et si l'auteur (comme on le dit) est resté au-dessous de lui-même, il n'y a pas un seul acteur dont cet ouvrage n'ait établi, augmenté ou confirmé la réputation. Mais revenons à sa lecture, à l'adoption des Comédiens.

Sur l'éloge outré qu'ils en firent, toutes les sociétés voulurent le connaître, et dès lors il fallut me faire des querelles de toute espèce ou céder aux instances universelles. Dès lors aussi les grands ennemis de l'auteur ne manquèrent pas de répandre à la Cour qu'il blessait dans cet ouvrage, d'ailleurs « un tissu de bêtises », la religion, le gouvernement, tous les états de la société, les bonnes mœurs, et qu'enfin la vertu y était opprimée et le vice triomphant, « comme

1. Poursuivait.
2. Faire prendre une chose pour une autre.
3. Parmi les papiers de l'écrivain.
4. Acteurs de la Comédie-Française.

de raison », ajoutait-on. Si les graves messieurs qui l'ont tant répété me font l'honneur de lire cette préface, ils y verront au moins que j'ai cité bien juste ; et la bourgeoise intégrité que je mets à mes citations n'en fera que mieux ressortir la noble infidélité des leurs.

Ainsi dans *Le Barbier de Séville* je n'avais qu'ébranlé l'État ; dans ce nouvel essai, plus infâme et plus séditieux[5], je le renversais de fond en comble. Il n'y avait plus rien de sacré si l'on permettait cet ouvrage. On abusait l'autorité par les plus insidieux rapports ; on cabalait[6] auprès des corps puissants ; on alarmait les dames timorées ; on me faisait des ennemis sur le prie-Dieu des oratoires : et moi, selon les hommes et les lieux, je repoussais la basse intrigue par mon excessive patience, par la roideur de mon respect, l'obstination de ma docilité, par la raison, quand on voulait l'entendre.

Ce combat a duré quatre ans. Ajoutez-les aux cinq du portefeuille, que reste-t-il des allusions qu'on s'efforce à voir dans l'ouvrage ? Hélas ! quand il fut composé, tout ce qui fleurit aujourd'hui n'avait pas même encore germé. C'était tout un autre univers.

Pendant ces quatre ans de débat, je ne demandais qu'un censeur ; on m'en accorda cinq ou six. Que virent-ils dans l'ouvrage, objet d'un tel déchaînement ? La plus badine des intrigues. Un grand seigneur espagnol, amoureux d'une jeune fille qu'il veut séduire, et les efforts que cette fiancée, celui qu'elle doit épouser et la femme du seigneur réunissent pour faire échouer dans son dessein un maître absolu que son rang, sa fortune et sa prodigalité[7] rendent tout-puissant pour l'accomplir. Voilà tout, rien de plus. La pièce est sous vos yeux.

5. Subversif.
6. Complotait.
7. Dépense excessive.

D'où naissaient donc ces cris perçants ? De ce qu'au lieu de poursuivre un seul caractère vicieux, comme le Joueur, l'Ambitieux, l'Avare, ou l'Hypocrite, ce qui ne lui eût mis sur les bras qu'une seule classe d'ennemis, l'auteur a profité d'une composition légère, ou plutôt a formé son plan de façon à y faire entrer la critique d'une foule d'abus qui désolent la société. Mais comme ce n'est pas là ce qui gâte un ouvrage aux yeux du censeur éclairé, tous, en l'approuvant, l'ont réclamé pour le théâtre. Il a donc fallu l'y souffrir : alors les grands du monde ont vu jouer avec scandale

Cette pièce où l'on peint un insolent valet
Disputant sans pudeur son épouse à son maître.

M. GUDIN[1].

Oh ! que j'ai de regret de n'avoir pas fait de ce sujet moral une tragédie bien sanguinaire ! Mettant un poignard à la main de l'époux outragé, que je n'aurais pas nommé Figaro, dans sa jalouse fureur je lui aurais fait noblement poignarder le puissant vicieux ; et comme il aurait vengé son honneur dans des vers carrés[2], bien ronflants, et que mon jaloux, tout au moins général d'armée, aurait eu pour rival quelque tyran bien horrible et régnant au plus mal sur un peuple désolé, tout cela, très loin de nos mœurs, n'aurait, je crois, blessé personne ; on eût crié : « Bravo ! ouvrage bien moral[3] ! » Nous étions sauvés, moi et mon Figaro sauvage.

Mais ne voulant qu'amuser nos Français et non faire ruisseler les larmes de leurs épouses, de mon coupable amant j'ai fait un jeune seigneur de ce temps-là, prodigue, assez galant, même un peu libertin, à peu près comme les autres seigneurs de ce temps-là. Mais qu'oserait-on dire

1. Ami et éditeur de Beaumarchais.
2. Fermes, tranchés.
3. L'intrigue évoquée ici sera développée dans l'opéra de Beaumarchais, *Tarare* (1787).

au théâtre d'un seigneur, sans les offenser tous, sinon de lui reprocher son trop de galanterie ? N'est-ce pas là le défaut le moins contesté par eux-mêmes ? J'en vois beaucoup, d'ici, rougir modestement (et c'est un noble effort) en convenant que j'ai raison. [...]

Cette profonde moralité se fait sentir dans tout l'ouvrage ; et s'il convenait à l'auteur de démontrer aux adversaires qu'à travers sa forte leçon il a porté la considération pour la dignité du coupable plus loin qu'on ne devait l'attendre de la fermeté de son pinceau, je leur ferais remarquer que, croisé[4] dans tous ses projets, le comte Almaviva se voit toujours humilié, sans être jamais avili.

En effet, si la Comtesse usait de ruse pour aveugler sa jalousie dans le dessein de le trahir, devenue coupable elle-même, elle ne pourrait mettre à ses pieds son époux, sans le dégrader à nos yeux. La vicieuse intention de l'épouse brisant un lien respecté, l'on reprocherait justement à l'auteur d'avoir tracé des mœurs blâmables ; car nos jugements sur les mœurs se rapportent toujours aux femmes ; on n'estime pas assez les hommes pour tant exiger d'eux sur ce point délicat. Mais, loin qu'elle ait ce vil projet, ce qu'il y a de mieux établi dans l'ouvrage est que nul ne veut faire une tromperie au comte mais seulement l'empêcher d'en faire à tout le monde. C'est la pureté des motifs qui sauve ici les moyens du reproche ; et, de cela seul que la comtesse ne veut que ramener son mari, toutes les confusions qu'il éprouve sont certainement très morales, aucune n'est avilissante.

Pour que cette vérité vous frappe davantage, l'auteur oppose à ce mari peu délicat, la plus vertueuse des femmes par goût et par principes.

4. Gêné, importuné.

Abandonnée d'un époux trop aimé, quand l'expose-t-on à vos regards ? Dans le moment critique où sa bienveillance pour un aimable enfant, son filleul, peut devenir un goût dangereux, si elle permet au ressentiment qui l'appuie de prendre trop d'empire sur elle. C'est pour mieux faire ressortir l'amour vrai du devoir que l'auteur la met un moment aux prises avec un goût naissant qui le combat. Oh ! combien on s'est étayé de[1] ce léger mouvement dramatique pour nous accuser d'indécence ! On accorde à la tragédie que toutes les reines, les princesses, aient des passions bien allumées qu'elles combattent plus ou moins, et l'on ne souffre pas que, dans la comédie, une femme ordinaire puisse lutter contre la moindre faiblesse ! Ô grande *influence de l'affiche* ! jugement sûr et conséquent ! Avec la différence du genre, on blâme ici ce qu'on approuvait là. Et cependant en ces deux cas c'est toujours le même principe : point de vertu sans sacrifice.

J'ose en appeler à vous, jeunes infortunées que votre malheur attache à des Almaviva ! Distingueriez-vous toujours votre vertu de vos chagrins, si quelque intérêt importun, tendant trop à les dissiper, ne vous avertissait enfin qu'il est temps de combattre pour elle ? Le chagrin de perdre un mari n'est pas ici ce qui nous touche ; un regret aussi personnel est trop loin d'être une vertu ! Ce qui nous plaît dans la comtesse, c'est de la voir lutter franchement contre un goût naissant qu'elle blâme, et des ressentiments légitimes. Les efforts qu'elle fait alors pour ramener son infidèle époux, mettant dans le plus heureux jour les deux sacrifices pénibles de son goût et de sa colère, on n'a nul besoin d'y penser pour applaudir à son triomphe ; elle est un modèle de vertu, l'exemple de son sexe et l'amour du nôtre.

1. Fondé sur.

Si cette métaphysique[2] de l'honnêteté des scènes, si ce principe avoué de toute décence théâtrale n'a point frappé nos juges à la représentation, c'est vainement que j'en étendrais ici le développement, les conséquences ; un tribunal d'iniquité[3] n'écoute point les défenses de l'accusé qu'il est chargé de perdre ; et ma comtesse n'est point traduite au parlement de la nation, c'est une commission qui la juge.

On a vu la légère esquisse de son aimable caractère dans la charmante pièce d'*Heureusement*[4]. Le goût naissant que la jeune femme éprouve pour son petit cousin l'officier, n'y parut blâmable à personne, quoique la tournure des scènes pût laisser à penser que la soirée eût fini d'autre manière, si l'époux ne fût pas rentré, comme dit l'auteur, « heureusement ». Heureusement aussi l'on n'avait pas le projet de calomnier cet auteur : chacun se livra de bonne foi à ce doux intérêt qu'inspire une jeune femme honnête et sensible qui réprime ses premiers goûts ; et notez que dans cette pièce, l'époux ne paraît qu'un peu sot ; dans la mienne il est infidèle ; ma comtesse a plus de mérite.

Aussi, dans l'ouvrage que je défends, le plus véritable intérêt se porte-t-il sur la comtesse ; le reste est dans le même esprit.

Pourquoi Suzanne la camariste[5], spirituelle, adroite et rieuse, a-t-elle aussi le droit de nous intéresser ? C'est qu'attaquée par un séducteur puissant, avec plus d'avantage qu'il n'en faudrait pour vaincre une fille de son état, elle n'hésite pas à confier les intentions du comte aux deux personnes les plus intéressées à bien surveiller sa conduite : sa maîtresse et son fiancé ; c'est que, dans tout son rôle, presque le plus long de la pièce, il n'y a pas une phrase, un mot, qui ne respire la sagesse et l'attachement à ses

2. Ici, l'analyse que vient de développer l'auteur.
3. Injustice.
4. Comédie de Rochon de Chabannes (1762).
5. Femme de chambre d'une dame de haut rang.

devoirs. La seule ruse qu'elle se permette est en faveur de sa maîtresse, à qui son dévouement est cher, et dont tous les vœux sont honnêtes.

Pourquoi, dans ses libertés sur son maître, Figaro m'amuse-t-il, au lieu de m'indigner ? C'est que, l'opposé des valets, il n'est pas, et vous le savez, le malhonnête homme de la pièce : en le voyant forcé par son état de repousser l'insulte avec adresse, on lui pardonne tout, dès qu'on sait qu'il ne ruse avec son seigneur que pour garantir ce qu'il aime et sauver sa propriété.

Donc, hors le comte et ses agents, chacun fait dans la pièce à peu près ce qu'il doit. Si vous les croyez malhonnêtes parce qu'ils disent du mal les uns des autres, c'est une règle très fautive. Voyez nos honnêtes gens du siècle : on passe la vie à ne faire autre chose ! Il est même tellement reçu de déchirer sans pitié les absents que moi, qui les défends toujours, j'entends murmurer très souvent : « Quel diable d'homme, et qu'il est contrariant ! Il dit du bien de tout le monde ! »

Est-ce mon page, enfin, qui vous scandalise ? et l'immoralité qu'on reproche au fond de l'ouvrage serait-elle dans l'accessoire ? Ô censeurs délicats ! beaux esprits sans fatigue ! inquisiteurs pour la morale, qui condamnez en un clin d'œil les réflexions de cinq années ! soyez justes une fois, sans tirer à conséquence[1]. Un enfant de treize ans, aux premiers battements du cœur, cherchant tout sans rien démêler, idolâtre, ainsi qu'on l'est à cet âge heureux, d'un objet céleste pour lui dont le hasard fit sa marraine, est-il un sujet de scandale ? Aimé de tout le monde au château, vif, espiègle et brûlant, comme tous les enfants spirituels, par son agitation extrême, il dérange dix fois, sans le vouloir, les

1. Sans tirer de mauvaises conclusions.

coupables projets du comte. Jeune adepte de la nature, tout ce qu'il voit a droit de l'agiter ; peut-être il n'est plus un enfant, mais il n'est pas encore un homme, et c'est le moment que j'ai choisi pour qu'il obtînt de l'intérêt, sans forcer personne à rougir. Ce qu'il éprouve innocemment, il l'inspire partout de même. Direz-vous qu'on l'aime d'amour ? Censeurs ! ce n'est pas là le mot : vous êtes trop éclairés pour ignorer que l'amour, même le plus pur, a un motif intéressé : on ne l'aime donc pas encore ; on sent qu'un jour on l'aimera. Et c'est ce que l'auteur a mis avec gaieté dans la bouche de Suzanne, quand elle dit à cet enfant : « Oh ! dans trois ou quatre ans, je prédis que vous serez le plus grand petit vaurien !...[2] »

Pour lui imprimer plus fortement le caractère de l'enfance, nous le faisons exprès tutoyer par Figaro. Supposez-lui deux ans de plus, quel valet dans le château prendrait ces libertés ? Voyez-le à la fin de son rôle ; à peine a-t-il un habit d'officier, qu'il porte la main à l'épée aux premières railleries du comte, sur le quiproquo d'un soufflet. Il sera fier, notre étourdi ! mais c'est un enfant, rien de plus. N'ai-je pas vu nos dames, dans les loges, aimer mon page à la folie ? Que lui voulaient-elles ? hélas ! rien : c'était de l'intérêt aussi ; mais, comme celui de la comtesse, un pur et naïf intérêt, un intérêt... sans intérêt.

Mais est-ce la personne du page, ou la conscience du seigneur qui fait le tourment du dernier, toutes les fois que l'auteur les condamne à se rencontrer dans la pièce ? Fixez ce léger aperçu[3], il peut vous mettre sur sa voie ; ou plutôt apprenez de lui que cet enfant n'est amené que pour ajouter à la moralité de l'ouvrage, en vous montrant que l'homme le plus absolu chez lui, dès qu'il suit un projet coupable, peut

2. *Le Mariage de Figaro*, acte I, sc.7.
3. Réfléchissez à cette remarque.

être mis au désespoir par l'être le moins important, par celui qui redoute le plus de se rencontrer sur sa route.

Quand mon page aura dix-huit ans, avec le caractère vif et bouillant que je lui ai donné, je serai coupable, à mon tour, si je le montre sur la scène. Mais à treize ans qu'inspire-t-il ? quelque chose de sensible et doux, qui n'est amitié ni amour, et qui tient un peu de tous deux.

J'aurais de la peine à faire croire à l'innocence de ces impressions, si nous vivions dans un siècle moins chaste[1], dans un de ces siècles de calcul où, voulant tout prématuré, comme les fruits de leurs serres chaudes, les grands mariaient leurs enfants à douze ans, et faisaient plier la nature, la décence et le goût aux plus sordides convenances, en se hâtant surtout d'arracher de ces êtres non formés, des enfants encore moins formables dont le bonheur n'occupait personne et qui n'étaient que le prétexte d'un certain trafic d'avantages qui n'avait nul rapport à eux, mais uniquement à leur nom. Heureusement nous en sommes bien loin, et le caractère de mon page, sans conséquence pour lui-même, en a une relative au comte, que le moraliste aperçoit, mais qui n'a pas encore frappé le grand commun de nos jugeurs.

Ainsi, dans cet ouvrage, chaque rôle important a quelque but moral. Le seul qui semble y déroger est le rôle de Marceline.

Coupable d'un ancien égarement, dont son Figaro fut le fruit, elle devrait, dit-on, se voir au moins punie par la confusion de sa faute, lorsqu'elle reconnaît son fils. L'auteur eût pu même en tirer une moralité plus profonde : dans les mœurs qu'il veut corriger, la faute d'une jeune fille séduite est celle des hommes, et non la sienne. Pourquoi donc ne l'a-t-il pas fait ?

1. Les phrases qui suivent sont ironiques, dénonçant les mariages trop précoces des jeunes nobles.

Il l'a fait, censeurs raisonnables ! […]

Si je n'ai versé sur nos sottises qu'un peu de critique badine, ce n'est pas que je ne sache en former de plus sévères ; quiconque a dit tout ce qu'il sait dans son ouvrage, y a mis plus que moi dans le mien. Mais je garde une foule d'idées qui me pressent pour un des sujets les plus moraux du théâtre, aujourd'hui sur mon chantier : *La Mère coupable*[2] ; et si le dégoût dont on m'abreuve me permet jamais de l'achever, mon projet étant d'y faire verser des larmes à toutes les femmes sensibles, j'élèverai mon langage à la hauteur de mes situations, j'y prodiguerai les traits de la plus austère morale, et je tonnerai[3] fortement sur les vices que j'ai trop ménagés. Apprêtez-vous donc bien, messieurs, à me tourmenter de nouveau : ma poitrine a déjà grondé ; j'ai noirci beaucoup de papier au service de votre colère.

Et vous, honnêtes indifférents, qui jouissez de tout sans prendre parti sur rien, jeunes personnes modestes et timides qui vous plaisez à ma *Folle Journée* (et je n'entreprends sa défense que pour justifier votre goût), lorsque vous verrez dans le monde un de ces hommes tranchants critiquer vaguement la pièce, tout blâmer sans rien désigner, surtout la trouver indécente, examinez bien cet homme-là, sachez son rang, son état, son caractère, et vous connaîtrez sur-le-champ le mot qui l'a blessé dans l'ouvrage.

On sent bien que je ne parle pas de ces écumeurs littéraires[4] qui vendent leurs bulletins ou leurs affiches à tant de liards[5] le paragraphe. Ceux-là, comme l'abbé Bazile, peuvent calomnier : *ils médiraient, qu'on ne les croirait pas*[6].

Je parle moins encore de ces libellistes[7] honteux qui n'ont trouvé d'autre moyen de satisfaire leur rage, l'assassinat étant trop dangereux, que de lancer du cintre de nos

2. Dernière pièce de la trilogie de Figaro (1792).
3. Protesterai vivement.
4. Plagiaires, copieurs.
5. Unité monétaire (un liard = le quart d'un sou).
6. Citation légèrement modifiée d'une réplique de Figaro dans *Le Barbier de Séville* (acte II, sc. 9).
7. Auteurs de libelles (écrits satiriques et diffamatoires).

salles des vers infâmes contre l'auteur, pendant que l'on jouait sa pièce. Ils savent que je les connais ; si j'avais eu dessein de les nommer, ç'aurait été au ministère public : leur supplice est de l'avoir craint, il suffit à mon ressentiment. Mais on n'imaginera jamais jusqu'où ils ont osé élever les soupçons du public sur une aussi lâche épigramme[1] ! semblables à ces vils charlatans du Pont-Neuf, qui, pour accréditer leurs drogues, farcissent d'ordres, de cordons[2], le tableau qui leur sert d'enseigne.

Non, je cite nos importants, qui, blessés, on ne sait pourquoi, des critiques semées dans l'ouvrage, se chargent d'en dire du mal, sans cesser de venir aux noces.

C'est un plaisir assez piquant de les voir d'en bas au spectacle, dans le très plaisant embarras de n'oser montrer ni satisfaction ni colère ; s'avançant sur le bord des loges, prêts à se moquer de l'auteur, et se retirant aussitôt pour celer[3] un peu de grimace ; emportés par un mot de la scène, et soudainement rembrunis par le pinceau du moraliste ; au plus léger trait de gaieté jouer tristement les étonnés, prendre un air gauche en faisant les pudiques et regardant les femmes dans les yeux, comme pour leur reprocher de soutenir un tel scandale ; puis, aux grands applaudissements, lancer sur le public un regard méprisant, dont il est écrasé ; toujours prêts à lui dire, comme ce courtisan dont parle Molière, lequel, outré du succès de *L'École des femmes*, criait des balcons au public : « Ris donc, public, ris donc ! » En vérité c'est un plaisir, et j'en ai joui bien des fois.

Celui-là m'en rappelle un autre. Le premier jour de *La Folle Journée*, on s'échauffait dans le foyer[4] (même d'honnêtes plébéiens[5]) sur ce qu'ils nommaient spirituellement

1. Satire.
2. Rubans auxquels on accrochait les marques d'un ordre de chevalerie et les décorations honorifiques.
3. Dissimuler.
4. Salle où se rassemblent les spectateurs durant l'entracte.
5. Gens du peuple.

« mon audace ». Un petit vieillard sec et brusque, impatienté de tous ces cris, frappe le plancher de sa canne et dit en s'en allant : « Nos Français sont comme les enfants, qui braillent quand on les éberne[6]. » Il avait du sens, ce vieillard. Peut-être on pouvait mieux parler, mais pour mieux penser, j'en défie.

Avec cette intention de tout blâmer, on conçoit que les traits les plus sensés ont été pris en mauvaise part. N'ai-je pas entendu vingt fois un murmure descendre des loges à cette réponse de Figaro :

> **LE COMTE.** – Une réputation détestable !
>
> **FIGARO.** – Et si je vaux mieux qu'elle ? Y a-t-il beaucoup de seigneurs qui puissent en dire autant ?[7]

Je dis, moi, qu'il n'y en a point ; qu'il ne saurait y en avoir, à moins d'une exception bien rare. Un homme obscur ou peu connu peut valoir mieux que sa réputation, qui n'est que l'opinion d'autrui. Mais de même qu'un sot en place en paraît une fois plus sot, parce qu'il ne peut plus rien cacher, de même un grand seigneur, l'homme élevé en dignités, que la fortune et sa naissance ont placé sur le grand théâtre[8], et qui, en entrant dans le monde, eut toutes les préventions pour lui, vaut presque toujours moins que sa réputation, s'il parvient à la rendre mauvaise. Une assertion si simple et si loin du sarcasme devait-elle exciter le murmure ? si son application paraît fâcheuse aux grands peu soigneux de leur gloire, en quel sens fait-elle épigramme sur ceux qui méritent nos respects ? et quelle maxime plus juste au théâtre peut servir de frein aux puissants et tenir lieu de leçon à ceux qui n'en reçoivent point d'autres ?

6. Essuie.
7. *Le Mariage de Figaro* ; acte III, sc. 5.
8. Métaphore désignant la haute société.

Non qu'il faille oublier (a dit un écrivain sévère, et je me plais à le citer, parce que je suis de son avis), « non qu'il faille oublier, dit-il, ce qu'on doit aux rangs élevés : il est juste au contraire, que l'avantage de la naissance soit le moins contesté de tous, parce que ce bienfait gratuit de l'hérédité, relatif aux exploits, vertus ou qualités des aïeux de qui le reçut, ne peut aucunement blesser l'amour-propre de ceux auxquels il fut refusé ; parce que dans une monarchie, si l'on ôtait les rangs intermédiaires, il y aurait trop loin du monarque aux sujets ; bientôt on n'y verrait qu'un despote et des esclaves ; le maintien d'une échelle graduée du laboureur au potentat[1] intéresse également les hommes de tous les rangs, et peut-être est le plus ferme appui de la constitution monarchique ».

Mais quel auteur parlait ainsi ? qui faisait cette profession de foi sur la noblesse, dont on me suppose si loin ? C'était Pierre Augustin Caron de Beaumarchais, plaidant par écrit au parlement d'Aix, en 1778, une grande et sévère question qui décida bientôt de l'honneur d'un noble et du sien[2]. Dans l'ouvrage que je défends, on n'attaque point les états, mais les abus de chaque état ; les gens seuls qui s'en rendent coupables ont intérêt à le trouver mauvais ; voilà les rumeurs expliquées ; mais quoi donc, les abus sont-ils devenus si sacrés, qu'on n'en puisse attaquer aucun sans lui trouver vingt défenseurs ? [...]

Lorsque mon sujet me saisit, j'évoque tous mes personnages et les mets en situation : « Songe à toi, Figaro, ton maître va te deviner. Sauvez-vous vite, Chérubin, c'est le comte que vous touchez. Ah ! comtesse, quelle imprudence avec un époux si violent ! » Ce qu'ils diront, je n'en sais rien ; c'est ce qu'ils feront qui m'occupe. Puis, quand

1. Monarque exerçant un pouvoir absolu.
2. Référence au procès de Beaumarchais contre le Comte de la Blache (voir contexte, p. 4).

ils sont bien animés, j'écris sous leur dictée rapide, sûr qu'ils ne me tromperont pas, que je reconnaîtrai Bazile, lequel n'a pas l'esprit de Figaro, qui n'a pas le ton noble du comte, qui n'a pas la sensibilité de la comtesse, qui n'a pas la gaieté de Suzanne, qui n'a pas l'espièglerie du page, et surtout aucun d'eux la sublimité de Brid'oison. Chacun y parle son langage : eh ! que le dieu du naturel les préserve d'en parler d'autre ! Ne nous attachons donc qu'à l'examen de leurs idées, et non à rechercher si j'ai dû leur prêter mon style.

Quelques malveillants ont voulu jeter de la défaveur sur cette phrase de Figaro : « Sommes-nous des soldats qui tuent et se font tuer pour des intérêts qu'ils ignorent ? Je veux savoir, moi, pourquoi je me fâche[3]. » À travers le nuage d'une conception indigeste[4], ils ont feint d'apercevoir *que je répands une lumière décourageante sur l'état pénible du soldat, et il y a des choses qu'il ne faut jamais dire*. Voilà dans toute sa force l'argument de la méchanceté ; reste à en prouver la bêtise.

Si, comparant la dureté du service à la modicité[5] de la paye, ou discutant tel autre inconvénient de la guerre et comptant la gloire pour rien, je versais de la défaveur sur ce plus noble des affreux métiers, on me demanderait justement compte d'un mot indiscrètement échappé. Mais, du soldat au colonel, au général exclusivement, quel imbécile homme de guerre a jamais eu la prétention qu'il dût pénétrer les secrets du cabinet, pour lesquels il fait la campagne ? C'est de cela seul qu'il s'agit dans la phrase de Figaro. Que ce fou-là se montre, s'il existe ; nous l'enverrons étudier sous le philosophe Babouc[6], lequel éclaircit disertement[7] ce point de discipline militaire.

3. *Le Mariage de Figaro*, acte V, sc. 12.
4. A travers des soupçons fumeux, douteux.
5. Médiocrité.
6. Personnage du conte de Voltaire, *Le Monde comme il va* (1748).
7. Longuement.

En raisonnant sur l'usage que l'homme fait de sa liberté dans les occasions difficiles, Figaro pouvait également opposer à sa situation tout état qui exige une obéissance implicite ; et le cénobite[1] zélé, dont le devoir est de tout croire sans jamais rien examiner, comme le guerrier valeureux, dont la gloire est de tout affronter sur des ordres non motivés, *de tuer et se faire tuer pour des intérêts qu'il ignore*. Le mot de Figaro ne dit donc rien, sinon qu'un homme libre de ses actions doit agir sur[2] d'autres principes que ceux dont le devoir est d'obéir aveuglément.

Qu'aurait-ce été, bon Dieu ! si j'avais fait usage d'un mot qu'on attribue au Grand Condé, et que j'entends louer à outrance par ces mêmes logiciens qui déraisonnent sur ma phrase ? À les croire, le Grand Condé[3] montra la plus noble présence d'esprit, lorsque arrêtant Louis XIV prêt à pousser son cheval dans le Rhin, il dit à ce monarque : « Sire, avez-vous besoin du bâton de maréchal ? »

Heureusement on ne prouve nulle part que ce grand homme ait dit cette grande sottise. C'eût été dire au roi, devant toute son armée : « Vous moquez-vous donc, Sire, de vous exposer dans un fleuve ? Pour courir de pareils dangers, il faut avoir besoin d'avancement ou de fortune ! »

Ainsi l'homme le plus vaillant, le plus grand général du siècle, aurait compté pour rien l'honneur, le patriotisme et la gloire ! un misérable calcul d'intérêt eût été, selon lui, le seul principe de la bravoure ! il eût dit là un affreux mot ! et si j'en avais pris le sens pour l'enfermer dans quelque trait, je mériterais le reproche qu'on fait gratuitement au mien.

Laissons donc les cerveaux fumeux louer ou blâmer, au hasard, sans se rendre compte de rien, s'extasier sur

1. Moine vivant en communauté.
2. Se fonder sur.
3. Louis II de Condé (1621-1686), dit le Grand Condé, s'illustra sur les champs de bataille et durant la Fronde des princes (au milieu du XVIIe siècle).

une sottise qui n'a pu jamais être dite, et proscrire un mot juste et simple, qui ne montre que du bon sens. [...]

Allons au fait ; ce n'est pas tout cela qui blesse. Le vrai motif qui se cache et qui dans les replis du cœur produit tous les autres reproches, est renfermé dans ce quatrain :

> Pourquoi ce Figaro qu'on va tant écouter
> Est-il avec fureur déchiré par les sots ?
> *Recevoir, prendre et demander :*
> *Voilà le secret en trois mots.*[4]

En effet, Figaro, parlant du métier de courtisan, le définit dans ces termes sévères. Je ne puis le nier, je l'ai dit. Mais reviendrai-je sur ce point ? Si c'est un mal, le remède serait pire : il faudrait poser méthodiquement ce que je n'ai fait qu'indiquer, revenir à montrer qu'il n'y a point de synonyme en français entre *l'homme de la cour, l'homme de cour, et le courtisan par métier*.

Il faudrait répéter qu'*homme de la cour* peint seulement un noble état ; qu'il s'entend de l'homme de qualité vivant avec la noblesse et l'éclat que son rang lui impose ; que, si cet *homme de la cour* aime le bien par goût, sans intérêt, si, loin de jamais nuire à personne, il se fait estimer de ses maîtres, aimer de ses égaux et respecter des autres, alors cette acception reçoit un nouveau lustre[5], et j'en connais plus d'un que je nommerais avec plaisir s'il en était question.

Il faudrait montrer qu'*homme de cour*, en bon français, est moins l'énoncé d'un état que le résumé d'un caractère adroit, liant[6], mais réservé, pressant la main de tout le monde en glissant chemin à travers, menant finement son intrigue avec l'air de toujours servir, ne se faisant point d'ennemis, mais donnant, près d'un fossé, dans l'occasion, de l'épaule au meilleur ami pour assurer sa chute et

Le courtisan et l'honnête homme

Depuis le XVIe siècle, nombreux sont les écrivains français (Du Bellay, La Bruyère, La Fontaine, Molière...) qui ont dépeint les courtisans comme des personnages hypocrites, flatteurs, intrigants ou dangereusement influents. Quant à l'« homme de la cour » dont Beaumarchais fait ici l'éloge, il rappelle l'idéal de « l'honnête homme », aristocrate distingué, cultivé, apprécié de tous. ■

4. Les deux derniers vers sont une citation du *Mariage de Figaro*, acte II, sc. 2.
5. Éclat qui met en valeur.
6. Sociable.

le remplacer sur la crête, laissant à part tout préjugé qui pourrait ralentir sa marche, souriant à ce qui lui déplaît et critiquant ce qu'il approuve, selon les hommes qui l'écoutent ; dans les liaisons utiles de sa femme ou de sa maîtresse, ne voyant que ce qu'il doit voir, enfin…

Prenant tout, pour le faire court,
En véritable homme de cour.[1]
LA FONTAINE

Cette acception n'est pas aussi défavorable que celle du *courtisan par métier*, et c'est l'homme dont parle Figaro.

Mais, quand j'étendrais la définition de ce dernier, quand, parcourant tous les possibles, je le montrerais avec son maintien équivoque, haut et bas à la fois, rampant avec orgueil, ayant toutes les prétentions sans en justifier une, se donnant l'air du *protègement*[2] pour se faire chef de parti, dénigrant tous les concurrents qui balanceraient son crédit, faisant un métier lucratif de ce qui ne devrait qu'honorer, vendant ses maîtresses à son maître, lui faisant payer ses plaisirs, etc., etc., et quatre pages d'etc., il faudrait toujours revenir au distique de Figaro : « Recevoir, prendre et demander : Voilà le secret en trois mots. »

Pour ceux-ci, je n'en connais point ; il y en eut, dit-on, sous Henri III[3], sous d'autres rois encore, mais c'est l'affaire de l'historien ; et, quant à moi, je suis d'avis que les vicieux du siècle en sont comme les saints : qu'il faut cent ans pour les canoniser. Mais puisque j'ai promis la critique de ma pièce, il faut enfin que je la donne.

En général son grand défaut est *que je ne l'ai point faite en observant le monde ; qu'elle ne peint rien de ce qui existe, et ne rappelle jamais l'image de la société où l'on vit ; que ses mœurs*

1. Vers extraits d'un conte de La Fontaine, *Joconde* (*Contes et Nouvelles en vers*, 1665).
2. Protection (mot inventé par Beaumarchais).
3. Roi de France (entre 1574 et 1589), connu pour son homosexualité qui lui fit couvrir d'honneurs ses « mignons » (ses amants).

basses et corrompues, n'ont pas même le mérite d'être vraies[4]. Et c'est ce qu'on lisait dernièrement dans un beau discours imprimé, composé par un homme de bien, auquel il n'a manqué qu'un peu d'esprit pour être un écrivain médiocre. Mais, médiocre ou non, moi qui ne fis jamais usage de cette allure oblique et torse[5] avec laquelle un sbire[6] qui n'a pas l'air de vous regarder vous donne du stylet[7] au flanc, je suis de l'avis de celui-ci. Je conviens qu'à la vérité, la génération passée ressemblait beaucoup à ma pièce, que la génération future lui ressemblera beaucoup aussi ; mais que pour la génération présente, elle ne lui ressemble aucunement ; que je n'ai jamais rencontré ni mari suborneur, ni seigneur libertin, ni courtisan avide, ni juge ignorant ou passionné, ni avocat injuriant, ni gens médiocres avancés[8], ni traducteur bassement jaloux ; et que, si des âmes pures, qui ne s'y reconnaissent point du tout, s'irritent contre ma pièce et la déchirent sans relâche, c'est uniquement par respect pour leurs grands-pères et sensibilité pour leurs petits-enfants. J'espère, après cette déclaration, qu'on me laissera bien tranquille ; ET J'AI FINI.

4. Référence au discours de Jean-Baptiste Suard, sévère censeur de la pièce de Beaumarchais.
5. Sournoise.
6. Mot péjoratif désignant un « homme de main », qui exécute de basses besognes.
7. Poignard.
8. Des gens médiocres occupant sans les mériter de hautes fonctions.

Caractères et habillements de la pièce

LE COMTE ALMAVIVA doit être joué très noblement, mais avec grâce et liberté. La corruption du cœur ne doit rien ôter *au bon ton* de ses manières. Dans les mœurs *de ce temps-là*, les grands traitaient en badinant toute entreprise sur les femmes. Ce rôle est d'autant plus pénible à bien rendre que le personnage est toujours sacrifié. Mais, joué par un comédien excellent (M. Molé), il a fait ressortir tous les rôles et assuré le succès de la pièce.

Son vêtement du premier et second acte est un habit de chasse, avec des bottines à mi-jambe de l'ancien costume espagnol. Du troisième acte jusqu'à la fin, un habit superbe de ce costume.

LA COMTESSE, agitée de deux sentiments contraires, ne doit montrer qu'une sensibilité réprimée, ou une colère très modérée ; rien surtout qui dégrade aux yeux du spectateur son caractère aimable et vertueux. Ce rôle, un des plus difficiles de la pièce, a fait infiniment d'honneur au grand talent de Mlle Saint-Val cadette.

Son vêtement du premier, second et quatrième acte est une lévite[1] commode, et nul ornement sur la tête : elle est chez elle et censée incommodée[2]. Au cinquième acte, elle a l'habillement et la haute coiffure de Suzanne.

FIGARO. L'on ne peut trop recommander à l'acteur qui jouera ce rôle de bien se pénétrer de son esprit, comme l'a fait M. Dazincourt. S'il y voyait autre chose que de la raison assaisonnée de gaieté et de saillies[3], surtout s'il y mettait la moindre charge, il avilirait un rôle que le premier comique

1. Longue robe d'intérieur.
2. Un peu souffrante.
3. Mots d'esprit brillants et inattendus.

du théâtre, M.Préville, a jugé devoir honorer le talent de tout comédien qui saurait en saisir les nuances multipliées et pourrait s'élever à son entière conception.

Son vêtement comme dans *Le Barbier de Séville.*

SUZANNE. Jeune personne adroite, spirituelle et rieuse, mais non de cette gaieté presque effrontée de nos soubrettes corruptrices[4] ; son joli caractère est dessiné dans la préface, et c'est là que l'actrice qui n'a point vu Mlle Contat doit l'étudier pour le bien rendre.

Son vêtement des quatre premiers actes est un juste[5] blanc à basquines[6], très élégant, la jupe de même, avec une toque, appelée depuis par nos marchandes : « à la Suzanne ». Dans la fête du quatrième acte, le comte lui pose sur la tête une toque à long voile, à hautes plumes et à rubans blancs. Elle porte au cinquième acte la lévite de sa maîtresse, et nul ornement sur la tête.

MARCELINE est une femme d'esprit, née un peu vive, mais dont les fautes et l'expérience ont réformé le caractère. Si l'actrice qui le joue s'élève avec une fierté bien placée à la hauteur très morale qui suit la reconnaissance du troisième acte, elle ajoutera beaucoup à l'intérêt de l'ouvrage.

Son vêtement est celui des duègnes[7] espagnoles, d'une couleur modeste, un bonnet noir sur la tête.

ANTONIO ne doit montrer qu'une demi-ivresse, qui se dissipe par degrés, de sorte qu'au cinquième acte on n'en aperçoive presque plus.

Son vêtement est celui d'un paysan espagnol, où les manches pendent par-derrière ; un chapeau et des souliers blancs.

4. Femmes de chambre intrigantes.
5. Corsage très ajusté.
6. Petites basques, parties de vêtement pendant de la taille et descendant sur les hanches.
7. Gouvernantes surveillant la conduite d'une jeune femme.

Fanchette est une enfant de douze ans, très naïve. Son petit habit est un juste brun avec des ganses et des boutons d'argent, la jupe de couleur tranchante, et une toque noire à plumes sur la tête. Il sera celui des autres paysannes de la noce.

Chérubin. Ce rôle ne peut être joué, comme il l'a été, que par une jeune et très jolie femme ; nous n'avons point à nos théâtres de très jeune homme assez formé pour en bien sentir les finesses. Timide à l'excès devant la comtesse, ailleurs un charmant polisson, un désir inquiet et vague est le fond de son caractère. Il s'élance à la puberté, mais sans projet, sans connaissances, et tout entier à chaque événement ; enfin il est ce que toute mère, au fond du cœur, voudrait peut-être que fût son fils, quoiqu'elle dût beaucoup en souffrir.

Son riche vêtement, aux premier et second actes, est celui d'un page de cour espagnol, blanc et brodé d'argent ; le léger manteau bleu sur l'épaule, et un chapeau chargé de plumes. Au quatrième acte, il a le corset, la jupe et la toque des jeunes paysannes qui l'amènent. Au cinquième acte, un habit uniforme d'officier, une cocarde[1] et une épée.

Bartholo. Le caractère et l'habit comme dans *Le Barbier de Séville* ; il n'est ici qu'un rôle secondaire.

Bazile. Caractère et vêtement comme dans *Le Barbier de Séville* ; il n'est aussi qu'un rôle secondaire.

Brid'oison doit avoir cette bonne et franche assurance des bêtes qui n'ont plus leur timidité. Son bégaiement

1. Ruban constituant l'insigne des soldats de l'époque.

n'est qu'une grâce de plus qui doit être à peine sentie, et l'acteur se tromperait lourdement et jouerait à contresens s'il y cherchait le plaisant de son rôle. Il est tout entier dans l'opposition de la gravité de son état au ridicule du caractère ; et moins l'acteur le chargera, plus il montrera de vrai talent.

Son habit est une robe de juge espagnol, moins ample que celle de nos procureurs, presque une soutane ; une grosse perruque, une gonille[2] ou rabat espagnol au col, et une longue baguette blanche[3] à la main.

DOUBLE-MAIN. Vêtu comme le juge, mais la baguette blanche plus courte.

L'HUISSIER OU ALGUAZIL[4]. Habit, manteau, épée de Crispin[5], mais portée à son côté sans ceinture de cuir. Point de bottines, une chaussure noire, une perruque blanche naissante[6] et longue, à mille boucles, une courte baguette blanche.

GRIPPE-SOLEIL. Habit de paysan, les manches pendantes ; veste de couleur tranchée, chapeau blanc.

UNE JEUNE BERGÈRE. Son vêtement comme celui de Fanchette.

PÉDRILLE. En veste, gilet, ceinture, fouet, et bottes de poste, une réçille sur la tête, chapeau de courrier[7].

PERSONNAGES MUETS, les uns en habits de juges, d'autres en habits de paysans, les autres en habits de livrée.

Caractères et habillements

2. Collerette.
3. Insigne de la fonction des gens de justice.
4. Officier de police en Espagne et, par extension, tout officier de police ou de justice.
5. Personnage de valet portant une épée dans la *Commedia dell'arte*.
6. Perruque imitant des cheveux naissants ou frisés, caractéristique des magistrats d'alors.
7. Employé chargé de précéder les voitures de poste.

Suzanne et Figaro.

Placement des acteurs

Pour faciliter les jeux du théâtre, on a eu l'attention d'écrire au commencement de chaque scène le nom des personnages dans l'ordre où le spectateur les voit. S'ils font quelque mouvement grave dans la scène, il est désigné par un nouvel ordre de noms, écrit en marge à l'instant qu'il arrive. Il est important de conserver les bonnes positions théâtrales ; le relâchement dans la tradition donnée par les premiers acteurs en produit bientôt un total dans le jeu des pièces, qui finit par assimiler les troupes négligentes aux plus faibles comédiens de société.

Le Comte et la Comtesse Almaviva.

Les personnages

- LE COMTE ALMAVIVA, grand corrégidor[1] d'Andalousie.
- LA COMTESSE, sa femme.
- FIGARO, valet de chambre du Comte, et concierge[2] du château.
- SUZANNE, première camariste[3] de la Comtesse, et fiancée de Figaro.
- MARCELINE, femme de charge[4].
- ANTONIO, jardinier du château, oncle de Suzanne et père de Fanchette.
- FANCHETTE, fille d'Antonio.
- CHÉRUBIN, premier page du Comte.
- BARTHOLO, médecin de Séville.
- BAZILE, maître de clavecin de la Comtesse.
- DON GUSMAN BRID'OISON, lieutenant du siège[5].
- DOUBLE-MAIN, greffier, secrétaire de don Gusman.
- UN HUISSIER-AUDIENCIER.
- GRIPPE-SOLEIL, jeune pastoureau[6].
- UNE JEUNE BERGÈRE.
- PÉDRILLE, PIQUEUR[7] DU COMTE.

PERSONNAGES MUETS

- TROUPE DE VALETS.
- TROUPE DE PAYSANNES.
- TROUPE DE PAYSANS.

La scène est au château d'Aguas-Frescas, à trois lieues de Séville[8].

1. Grand juge, en Espagne.
2. Intendant.
3. Femme de chambre d'une dame de haut rang.
4. Domestique chargée du linge, de la vaisselle, sorte de sous-intendante.
5. Président du tribunal local (le siège désigne un lieu de juridiction).
6. Petit berger.
7. Valet à cheval qui règle la course des chiens et poursuit le gibier durant une chasse à courre.
8. Ville d'Andalousie, en Espagne.

Le théâtre représente une chambre à demi démeublée ; un grand fauteuil de malade est au milieu. Figaro, avec une toise[1]*, mesure le plancher. Suzanne attache à sa tête, devant une glace, le petit bouquet de fleurs d'orange, appelé chapeau de la mariée.*

■ Scène 1

FIGARO, SUZANNE

FIGARO. – Dix-neuf pieds[2] sur vingt-six.

SUZANNE. – Tiens, Figaro, voilà mon petit chapeau ; le trouves-tu mieux ainsi ?

FIGARO *lui prend les mains.* – Sans comparaison, ma charmante. Oh ! que ce joli bouquet virginal, élevé sur la tête d'une belle fille, est doux, le matin des noces, à l'œil amoureux d'un époux !...

SUZANNE *se retire.* – Que mesures-tu donc là, mon fils[3] ?

FIGARO. – Je regarde, ma petite Suzanne, si ce beau lit que Monseigneur nous donne aura bonne grâce ici.

SUZANNE. – Dans cette chambre ?

FIGARO. – Il nous la cède.

SUZANNE. – Et moi je n'en veux point.

FIGARO. – Pourquoi ?

SUZANNE. – Je n'en veux point.

1. Baguette longue d'une toise (environ deux mètres).
2. Ancienne unité de longueur (= 0,32 m environ)
3. Ici, terme affectueux.

FIGARO. – Mais encore ?

SUZANNE. – Elle me déplaît.

FIGARO. – On dit une raison.

SUZANNE. – Si je n'en veux pas dire ?

FIGARO. – Oh ! quand elles sont sûres de nous !

SUZANNE. – Prouver que j'ai raison serait accorder que je puis avoir tort. Es-tu mon serviteur, ou non ?

FIGARO. – Tu prends de l'humeur contre la chambre du château la plus commode, et qui tient le milieu des deux appartements. La nuit, si Madame est incommodée, elle sonnera de son côté ; zeste[1] ! en deux pas tu es chez elle. Monseigneur veut-il quelque chose ? il n'a qu'à tinter du sien ; crac ! en trois sauts me voilà rendu.

SUZANNE. – Fort bien ! mais quand il aura « tinté » le matin pour te donner quelque bonne et longue commission, zeste ! en deux pas, il est à ma porte, et crac ! en trois sauts…

FIGARO. – Qu'entendez-vous par ces paroles ?

SUZANNE. – Il faudrait m'écouter tranquillement.

FIGARO. – Eh qu'est-ce qu'il y a ? bon Dieu !

SUZANNE. – Il y a, mon ami, que las de courtiser les beautés des environs, M. le comte Almaviva veut rentrer au château, mais non pas chez sa femme ; c'est sur la tienne, entends-tu, qu'il a jeté ses vues, auxquelles il espère que ce logement ne nuira pas. Et c'est ce que le loyal Bazile, honnête[2] agent de ses plaisirs et mon noble maître à chanter, me répète chaque jour en me donnant leçon.

1. Interjection familière marquant la rapidité.
2. Qualificatifs ironiques qui font écho au *Barbier de Séville*, où Bazile était déjà un personnage immoral.

FIGARO. – Bazile ! ô mon mignon ! si jamais volée de bois vert appliquée sur une échine a dûment redressé la moelle épinière à quelqu'un…

SUZANNE. – Tu croyais, bon garçon ! que cette dot qu'on me donne était pour les beaux yeux de ton mérite ?

FIGARO. – J'avais assez fait pour l'espérer[3].

SUZANNE. – Que les gens d'esprit sont bêtes !

FIGARO. – On le dit.

SUZANNE. – Mais c'est qu'on ne veut pas le croire !

FIGARO. – On a tort.

SUZANNE. – Apprends qu'il la destine à obtenir de moi, secrètement, certain quart d'heure, seul à seule, qu'un ancien droit du seigneur… Tu sais s'il était triste !

FIGARO. – Je le sais tellement que, si monsieur le comte, en se mariant, n'eût pas aboli ce droit honteux, jamais je ne t'eusse épousée dans ses domaines.

SUZANNE. – Eh bien ! s'il l'a détruit, il s'en repent ; et c'est de ta fiancée qu'il veut le racheter en secret aujourd'hui.

FIGARO, *se frottant la tête*. – Ma tête s'amollit de surprise ; et mon front fertilisé[4]…

SUZANNE. – Ne le frotte donc pas !

FIGARO. – Quel danger ?

SUZANNE, *riant*. – S'il y venait un petit bouton… Des gens superstitieux…

Le « droit du seigneur »

Le « droit du seigneur », ou « droit de cuissage » est un ancien droit féodal qui autorisait un seigneur à mettre la jambe dans le lit de la jeune épouse d'un serf, le soir des noces et, dans certains cas, à passer la nuit avec elle. Enjeu central du *Mariage de Figaro*, il symbolise l'abus des privilèges aristocratiques. ■

3. Allusion au *Barbier de Séville* : l'entremise de Figaro avait permis au Comte d'enlever puis d'épouser Rosine, promise à Bartholo.
4. Allusion comique aux cornes sur le front qu'on attribue aux maris trompés.

FIGARO. – Tu ris, friponne ! Ah ! s'il y avait moyen d'attraper ce grand trompeur, de le faire donner dans un bon piège, et d'empocher son or !

SUZANNE. – De l'intrigue et de l'argent ; te voilà dans ta sphère.

FIGARO. – Ce n'est pas la honte qui me retient.

SUZANNE. – La crainte ?

FIGARO. – Ce n'est rien d'entreprendre une chose dangereuse, mais d'échapper au péril[1] en la menant à bien : car, d'entrer chez quelqu'un la nuit, de lui souffler sa femme et d'y recevoir cent coups de fouet pour la peine, il n'est rien plus aisé ; mille sots coquins l'ont fait. Mais…

On sonne de l'intérieur.

SUZANNE. – Voilà Madame éveillée ; elle m'a bien recommandé d'être la première à lui parler le matin de mes noces.

FIGARO. – Y a-t-il encore quelque chose là-dessous ?

SUZANNE. – Le berger dit que cela porte bonheur aux épouses délaissées. Adieu, mon petit Fi, Fi, Figaro. Rêve à notre affaire.

FIGARO. – Pour m'ouvrir l'esprit, donne un petit baiser.

SUZANNE. – À mon amant[2] aujourd'hui ? Je t'en souhaite[3] ! Et qu'en dirait demain mon mari ?

Figaro l'embrasse.

SUZANNE. – Hé bien ! hé bien !

1. Formule elliptique, signifiant : « c'est beaucoup d'échapper au péril… ».
2. Amoureux, fiancé.
3. Il n'en est pas question.

FIGARO. – C'est que tu n'as pas d'idée de mon amour.

SUZANNE, *se défripant.* – Quand cesserez-vous, importun, de m'en parler du matin au soir ?

FIGARO, *mystérieusement.* – Quand je pourrai te le prouver du soir jusqu'au matin.

On sonne une seconde fois.

SUZANNE, *de loin, les doigts unis sur sa bouche.* – Voilà votre baiser, monsieur ; je n'ai plus rien à vous[4].

FIGARO *court après elle.* – Oh ! mais ce n'est pas ainsi que vous l'avez reçu…

Scène 2

Figaro, *seul.*

La charmante fille ! toujours riante, verdissante[5], pleine de gaieté, d'esprit, d'amour et de délices ! mais sage !… (*Il marche vivement en se frottant les mains.*) Ah, monseigneur ! mon cher monseigneur ! vous voulez m'en donner… à garder[6] ? Je cherchais aussi pourquoi, m'ayant nommé concierge, il m'emmène à son ambassade et m'établit courrier de dépêches[7]. J'entends, Monsieur le Comte : trois promotions à la fois ; vous, compagnon ministre[8] ; moi, casse-cou politique, et Suzon, dame du lieu, l'ambassadrice de poche[9] ; et puisþfouette courrier ! pendant que je galoperais d'un côté, vous feriez faire de l'autre à ma belle un joli chemin ! Me crottant, m'échinant pour la gloire de votre famille ; vous, daignant concourir à l'accroissement de la

4. Je ne vous dois plus rien.
5. Toute jeune.
6. Me duper.
7. Porteur de « dépêches », c'est-à-dire de lettres traitant d'affaires publiques.
8. Ambassadeur débutant.
9. Secrète.

mienne ! Quelle douce réciprocité ! Mais, Monseigneur, il y a de l'abus. Faire à Londres, en même temps, les affaires de votre maître et celles de votre valet ! représenter à la fois le roi et moi, dans une cour étrangère, c'est trop de moitié, c'est trop. Pour toi, Bazile ! fripon mon cadet ! je veux t'apprendre à clocher devant les boiteux[1] ; je veux… non, dissimulons avec eux pour les enferrer[2] l'un par l'autre. Attention sur la journée, monsieur Figaro ! D'abord avancer l'heure de votre petite fête, pour épouser plus sûrement ; écarter une Marceline qui de vous est friande en diable ; empocher l'or et les présents ; donner le change[3] aux petites passions de Monsieur le Comte ; étriller[4] rondement Monsieur du Bazile et…

■ Scène 3

MARCELINE, BARTHOLO, FIGARO

FIGARO *s'interrompt.* – … Hééé, voilà le gros docteur, la fête sera complète. Hé, bonjour, cher docteur de mon cœur. Est-ce ma noce avec Suzon qui vous attire au château ?

BARTHOLO, *avec dédain.* – Ah ! mon cher monsieur, point du tout.

FIGARO. – Cela serait bien généreux !

BARTHOLO. – Certainement, et par trop sot.

FIGARO. – Moi qui eus le malheur de troubler la vôtre[5] !

1. Allusion au proverbe : « il ne faut pas clocher devant les boiteux », signifiant qu'il ne faut pas s'essayer à une activité devant celui qui est expert.
2. Les prendre à leur propre piège.
3. Faire prendre une chose pour une autre.
4. Battre, malmener.
5. Allusion au *Barbier de Séville*.

BARTHOLO. – Avez-vous autre chose à nous dire ?

FIGARO. – On n'aura pas pris soin de votre mule[6] !

BARTHOLO, *en colère.* – Bavard enragé ! laissez-nous.

FIGARO. – Vous vous fâchez, docteur ? les gens de votre état sont bien durs ! pas plus de pitié des pauvres animaux… en vérité… que si c'était des hommes ! Adieu, Marceline : avez-vous toujours envie de plaider contre moi ?

« Pour n'aimer pas, faut-il qu'on se haïsse[7] ? »

Je m'en rapporte au docteur.

BARTHOLO. – Qu'est-ce que c'est ?

FIGARO. – Elle vous le contera de reste.

Il sort.

■ Scène 4

MARCELINE, BARTHOLO

BARTHOLO *le regarde aller.* – Ce drôle est toujours le même ! et à moins qu'on ne l'écorche vif, je prédis qu'il mourra dans la peau du plus fier insolent…

MARCELINE *le retourne.* – Enfin vous voilà donc, éternel docteur ? toujours si grave et compassé[8] qu'on pourrait mourir en attendant vos secours, comme on s'est marié jadis malgré vos précautions.

BARTHOLO. – Toujours amère et provocante ! Eh bien, qui[9] rend donc ma présence au château si nécessaire ? Monsieur le comte a-t-il eu quelque accident ?

6. Nouvelle allusion ironique au *Barbier de Séville* : Figaro avait mis un cataplasme sur les yeux aveugles de la mule de Bartholo (acte II, sc. 4).
7. Citation d'un vers *de Nanine ou le préjugé vaincu*, comédie de Voltaire bien connue du public.
8. Affecté, guindé.
9. Qu'est-ce qui.

Libertins et libertinage

Emprunté au latin *libertinus* qui qualifiait un esclave affranchi, le mot *libertin* désignait, au XVIIe siècle, un libre penseur affranchi de la religion. Le sens du mot va ensuite évoluer pour renvoyer, au XVIIIe siècle, à la liberté sexuelle, à la « débauche » qui se pratique notamment dans l'aristocratie mondaine et s'illustre dans des romans dits « libertins ». ■

MARCELINE. – Non, docteur.

BARTHOLO. – La Rosine, sa trompeuse comtesse, est-elle incommodée[1], Dieu merci[2] ?

MARCELINE. – Elle languit[3].

BARTHOLO. – Et de quoi ?

MARCELINE. – Son mari la néglige.

BARTHOLO, *avec joie.* – Ah, le digne époux qui me venge !

MARCELINE. – On ne sait comment définir le comte ; il est jaloux et libertin.

BARTHOLO. – Libertin par ennui, jaloux par vanité ; cela va sans dire.

MARCELINE. – Aujourd'hui, par exemple, il marie notre Suzanne à son Figaro qu'il comble en faveur de cette union…

BARTHOLO. – Que Son Excellence a rendue nécessaire !

MARCELINE. – Pas tout à fait ; mais dont Son Excellence voudrait égayer en secret l'événement avec l'épousée…

BARTHOLO. – De M. Figaro ? C'est un marché qu'on peut conclure avec lui.

MARCELINE. – Bazile assure que non.

BARTHOLO. – Cet autre maraud[4] loge ici ? C'est une caverne ! Eh, qu'y fait-il ?

1. Un peu souffrante.
2. Dieu nous en garde.
3. Elle souffre de « langueur », c'est à dire d'un accès de mélancolie qu'on attribuait aux chagrins d'amour féminins.
4. Coquin, voleur.
5. Repaire de brigands.

MARCELINE. – Tout le mal dont il est capable. Mais le pis que j'y trouve est cette ennuyeuse passion qu'il a pour moi depuis si longtemps.

BARTHOLO. – Je me serais débarrassée[6] vingt fois de sa poursuite.

MARCELINE. – De quelle manière ?

BARTHOLO. – En l'épousant.

MARCELINE. – Railleur fade et cruel, que ne vous débarrassez-vous de la mienne à ce prix ? ne le devez-vous pas ? où est le souvenir de vos engagements ? qu'est devenu celui de notre petit Emmanuel, ce fruit d'un amour oublié, qui devait nous conduire à des noces ?

BARTHOLO, *ôtant son chapeau.* – Est-ce pour écouter ces sornettes que vous m'avez fait venir de Séville ? Et cet accès d'hymen[7] qui vous reprend si vif…

MARCELINE. – Eh bien ! n'en parlons plus. Mais si rien n'a pu vous porter à la justice de m'épouser, aidez-moi donc du moins à en épouser un autre.

BARTHOLO. – Ah ! volontiers : parlons. Mais quel mortel abandonné du Ciel et des femmes ?…

MARCELINE.– Eh ! qui pourrait-ce être, docteur, sinon le beau, le gai, l'aimable Figaro ?

BARTHOLO. – Ce fripon-là ?

MARCELINE. – Jamais fâché ; toujours en belle humeur ; donnant le présent à la joie, et s'inquiétant de l'avenir tout aussi peu que du passé ; sémillant[8], généreux ! généreux…

6. Sous-entendu : à votre place, je…(donc accord au féminin).
7. Ce désir de mariage.
8. Vif, gai.

Bartholo. – Comme un voleur.

Marceline. – Comme un seigneur. Charmant enfin ; mais c'est le plus grand monstre !

Bartholo. – Et sa Suzanne ?

Marceline. – Elle ne l'aurait pas, la rusée, si vous vouliez m'aider, mon petit docteur, à faire valoir un engagement que j'ai de lui.

Bartholo. – Le jour de son mariage ?

Marceline. – On en rompt de plus avancés : et si je ne craignais d'éventer un petit secret des femmes !…

Bartholo. – En ont-elles pour le médecin du corps ?

Marceline. – Ah, vous savez que je n'en ai pas pour vous ! Mon sexe est ardent, mais timide : un certain charme a beau nous attirer vers le plaisir, la femme la plus aventurée[1] sent en elle une voix qui lui dit : sois belle si tu peux, sage si tu veux ; mais sois considérée, il le faut. Or, puisqu'il faut être au moins considérée, que toute femme en sent l'importance, effrayons d'abord la Suzanne sur la divulgation des offres qu'on lui fait.

Bartholo. – Où cela mènera-t-il ?

Marceline. – Que la honte la prenant au collet, elle continuera de refuser le comte, lequel pour se venger, appuiera l'opposition que j'ai faite à son mariage ; alors le mien devient certain.

Bartholo.– Elle a raison. Parbleu, c'est un bon tour que de faire épouser ma vieille gouvernante au coquin qui fit enlever ma jeune maîtresse[2].

1. Tenté par les aventures.
2. Femme aimée.

MARCELINE, *vite.* – Et qui croit ajouter à ses plaisirs en trompant mes espérances.

BARTHOLO, *vite.* – Et qui m'a volé dans le temps cent écus[3] que j'ai sur le cœur.

MARCELINE. – Ah ! quelle volupté !…

BARTHOLO. – De punir un scélérat…

MARCELINE. – De l'épouser, docteur, de l'épouser !

■ Scène 5

MARCELINE, BARTHOLO, SUZANNE

SUZANNE, *un bonnet de femme avec un large ruban dans la main, une robe de femme sur le bras.* – L'épouser ! l'épouser ! qui donc ? Mon Figaro ?

MARCELINE, *aigrement.* – Pourquoi non ? Vous l'épousez bien !

BARTHOLO, *riant.* – Le bon argument de femme en colère ! Nous parlions, belle Suzon, du bonheur qu'il aura de vous posséder.

MARCELINE. – Sans compter Monseigneur dont on ne parle pas.

SUZANNE, *une révérence.* – Votre servante, Madame ; il y a toujours quelque chose d'amer dans vos propos.

3. Allusion au *Barbier de Séville*.

Marceline, *une révérence.* – Bien la vôtre, Madame ; où donc est l'amertume ? N'est-il pas juste qu'un libéral[1] seigneur partage un peu la joie qu'il procure à ses gens ?

Suzanne. – Qu'il procure ?

Marceline. – Oui, Madame.

Suzanne. – Heureusement la jalousie de Madame est aussi connue que ses droits sur Figaro sont légers.

Marceline. – On eût pu les rendre plus forts en les cimentant à la façon de Madame.

Suzanne. – Oh ! cette façon, Madame, est celle des dames savantes.

Marceline. – Et l'enfant ne l'est pas du tout ! Innocente comme un vieux juge !

Bartholo, *attirant Marceline.* – Adieu, jolie fiancée de notre Figaro.

Marceline, *une révérence.* – L'accordée[2] secrète de Monseigneur.

Suzanne, *une révérence.* – Qui vous estime beaucoup, Madame.

Marceline, *une révérence.* – Me fera-t-elle aussi l'honneur de me chérir un peu, Madame ?

Suzanne, *une révérence.* – À cet égard, Madame n'a rien à désirer.

Marceline, *une révérence.* – C'est une si jolie personne que Madame !

1. Généreux.
2. Fiancée.

SUZANNE, *une révérence.* – Eh ! mais assez pour désoler Madame.

MARCELINE, *une révérence.* – Surtout bien respectable !

SUZANNE, *une révérence.* – C'est aux duègnes[3] à l'être.

MARCELINE, *outrée.* – Aux duègnes ! aux duègnes !

BARTHOLO, *l'arrêtant.* – Marceline !

MARCELINE. – Allons, docteur ; car je n'y tiendrais pas. Bonjour, Madame. (*Une révérence.*)

Scène 6

SUZANNE, *seule.*

Allez, Madame ! allez, pédante[4] ! je crains aussi peu vos efforts que je méprise vos outrages. Voyez cette vieille sibylle[5] ! parce qu'elle a fait quelques études et tourmenté la jeunesse de Madame[6], elle veut tout dominer au château ! (*Elle jette la robe qu'elle tient sur une chaise.*) Je ne sais plus ce que je venais prendre.

Scène 7

SUZANNE, CHÉRUBIN

CHÉRUBIN, *accourant.* – Ah, Suzon ! depuis deux heures j'épie le moment de te trouver seule. Hélas ! tu te maries, et moi je vais partir.

3. En Espagne, gouvernantes, femmes âgées chargées de surveiller la conduite d'une jeune femme.
4. Prétentieuse.
5. Désigne familièrement une femme âgée qui étale son savoir.
6. Allusion au *Barbier de Séville*, où Marceline était la gouvernante de Rosine.

SUZANNE. – Comment mon mariage éloigne-t-il du château le premier page de Monseigneur ?

CHÉRUBIN, *piteusement.* – Suzanne, il me renvoie.

SUZANNE *le contrefait*[1]. – Chérubin, quelque sottise[2] !

CHÉRUBIN. – Il m'a trouvé hier au soir chez ta cousine Fanchette, à qui je faisais répéter son petit rôle d'innocente, pour la fête de ce soir : il s'est mis dans une fureur en me voyant ! « Sortez, m'a-t-il dit, petit… » Je n'ose pas prononcer devant une femme le gros mot qu'il a dit… « Sortez ; et demain vous ne coucherez pas au château. » Si Madame, si ma belle marraine ne parvient pas à l'apaiser, c'est fait, Suzon, je suis à jamais privé du bonheur de te voir.

SUZANNE. – De me voir ! moi ? c'est mon tour ! Ce n'est donc plus pour ma maîtresse que vous soupirez en secret ?

CHÉRUBIN. – Ah ! Suzon, qu'elle est noble et belle ! mais qu'elle est imposante !

SUZANNE. – C'est-à-dire que je ne le suis pas, et qu'on peut oser avec moi…

CHÉRUBIN. – Tu sais trop bien, méchante, que je n'ose pas oser. Mais que tu es heureuse ! à tous moments la voir, lui parler, l'habiller le matin et la déshabiller le soir, épingle à épingle… ah ! Suzon ! je donnerais… Qu'est-ce que tu tiens donc là ?

SUZANNE, *raillant.* – Hélas ! l'heureux bonnet et le fortuné ruban qui renferment la nuit les cheveux de cette belle marraine…

1. L'imite.
2. Vous avez dû faire quelque sottise.

CHÉRUBIN, *vivement.* – Son ruban de nuit ! donne-le-moi, mon cœur.

SUZANNE, *le retirant.* – Eh ! que non pas ; « son cœur ! » Comme il est familier donc ! si ce n'était pas un morveux sans conséquence[3]… (*Chérubin arrache le ruban.*) Ah ! le ruban !

CHÉRUBIN *tourne autour du grand fauteuil.* – Tu diras qu'il est égaré, gâté[4] ; qu'il est perdu. Tu diras tout ce que tu voudras.

SUZANNE *tourne après lui.* – Oh ! dans trois ou quatre ans, je prédis que vous serez le plus grand petit vaurien !… Rendez-vous le ruban ?

Elle veut le reprendre.

CHÉRUBIN *tire une romance[5] de sa poche.* – Laisse, ah, laisse-le-moi, Suzon ; je te donnerai ma romance, et pendant que le souvenir de ta belle maîtresse attristera tous mes moments, le tien y versera le seul rayon de joie qui puisse encore amuser[6] mon cœur.

SUZANNE *arrache la romance.* – Amuser votre cœur, petit scélérat ! vous croyez parler à votre Fanchette ; on vous surprend chez elle ; et vous soupirez pour Madame ; et vous m'en contez à moi, par-dessus le marché !

CHÉRUBIN, *exalté.* – Cela est vrai, d'honneur ! je ne sais plus ce que je suis ; mais depuis quelque temps je sens ma poitrine agitée ; mon cœur palpite au seul aspect d'une femme ; les mots *amour* et *volupté* le font tressaillir et le troublent. Enfin le besoin de dire à quelqu'un *je vous aime* est devenu pour moi si pressant que je le dis tout seul, en

L'importance des accessoires

Le rôle donné aux objets du décor est l'une des nouveautés du théâtre de Beaumarchais. Ainsi, le ruban, en apparence insignifiant, prend une valeur autant symbolique que dramaturgique : en tant que fétiche amoureux de Chérubin et de la Comtesse, il sera une sorte de fil rouge dans l'intrigue, revenant souvent en scène. ■

3. Sans danger.
4. Abîmé.
5. Chanson sentimentale.
6. Occuper, distraire.
7. Vous me courtisez.

courant dans le parc, à ta maîtresse, à toi, aux arbres, aux nuages, au vent qui les emporte avec mes paroles perdues. Hier je rencontrai Marceline…

SUZANNE, *riant.* – Ah, ah, ah, ah !

CHÉRUBIN. – Pourquoi non ? elle est femme ! elle est fille[1] ! une fille ! une femme ! ah que ces noms sont doux ! qu'ils sont intéressants[2] !

SUZANNE. – Il devient fou !

CHÉRUBIN. – Fanchette est douce ; elle m'écoute au moins ; tu ne l'es pas, toi !

SUZANNE. – C'est bien dommage ; écoutez donc Monsieur !

Elle veut arracher le ruban.

CHÉRUBIN *tourne en fuyant.* – Ah ! ouiche ! on ne l'aura, vois-tu, qu'avec ma vie. Mais, si tu n'es pas contente du prix, j'y joindrai mille baisers.

Il lui donne chasse à son tour.

SUZANNE *tourne en fuyant.* – Mille soufflets, si vous approchez. Je vais m'en plaindre à ma maîtresse ; et loin de supplier pour vous, je dirai moi-même à Monseigneur : C'est bien fait, Monseigneur ; chassez-nous ce petit voleur ; renvoyez à ses parents un petit mauvais sujet qui se donne les airs d'aimer Madame, et qui veut toujours m'embrasser par contrecoup[3].

CHÉRUBIN *voit le comte entrer ; il se jette derrière le fauteuil avec effroi.* – Je suis perdu !

SUZANNE. – Quelle frayeur ?

1. Célibataire.
2. Émouvants, excitants.
3. Par ricochet.

■ Scène 8

SUZANNE, LE COMTE, CHÉRUBIN *caché*.

SUZANNE *aperçoit le comte.* – Ah !… (*Elle s'approche du fauteuil pour masquer Chérubin.*)

LE COMTE *s'avance.* – Tu es émue, Suzon ! tu parlais seule, et ton petit cœur paraît dans une agitation… bien pardonnable, au reste, un jour comme celui-ci.

SUZANNE, *troublée.* – Monseigneur, que me voulez-vous ? Si l'on vous trouvait avec moi…

LE COMTE. – Je serais désolé qu'on m'y surprît ; mais tu sais tout l'intérêt que je prends à toi. Bazile ne t'a pas laissé ignorer mon amour. Je n'ai qu'un instant pour t'expliquer mes vues ; écoute.

Il s'assied dans le fauteuil.

SUZANNE, *vivement.* – Je n'écoute rien.

LE COMTE *lui prend la main.* – Un seul mot. Tu sais que le roi m'a nommé son ambassadeur à Londres. J'emmène avec moi Figaro ; je lui donne un excellent poste ; et comme le devoir d'une femme est de suivre son mari…

SUZANNE. – Ah ! si j'osais parler !

LE COMTE *la rapproche de lui.* – Parle, parle, ma chère ; use aujourd'hui d'un droit que tu prends sur moi pour la vie.

SUZANNE, *effrayée.* – Je n'en veux point, Monseigneur, je n'en veux point. Quittez-moi, je vous prie.

Le fauteuil

Comme les objets (voir encadré, p. 57), les éléments du décor jouent un grand rôle dans la dramaturgie de Beaumarchais. Ainsi le fauteuil figure un « troisième lieu » (selon l'expression de Jacques Schérer, voir p. 234) par rapport à la scène et aux coulisses, qui permet un jeu de cachette riche en suspens et en rebondissements. ■

Le Comte. – Mais dis auparavant.

Suzanne, *en colère.* – Je ne sais plus ce que je disais.

Le Comte. – Sur le devoir des femmes.

Suzanne. – Eh bien ! lorsque Monseigneur enleva la sienne de chez le docteur, et qu'il l'épousa par amour, lorsqu'il abolit pour elle un certain affreux droit du seigneur[1]...

Le Comte, *gaiement.* – Qui faisait bien de la peine aux filles ! Ah Suzette ! ce droit charmant ! si tu venais en jaser[2] sur la brune[3] au jardin, je mettrais un tel prix à cette légère faveur...

Bazile *parle en dehors.* – Il n'est pas chez lui, Monseigneur[4].

Le Comte *se lève.* – Quelle est cette voix ?

Suzanne. – Que je suis malheureuse !

Le Comte. – Sors, pour qu'on n'entre pas.

Suzanne, *troublée.* – Que je vous laisse ici ?

Bazile *crie en dehors.* – Monseigneur était chez Madame, il en est sorti : je vais voir.

Le Comte. – Et pas un lieu pour se cacher ! ah ! derrière ce fauteuil... assez mal ; mais renvoie-le bien vite.

Suzanne lui barre le chemin ; il la pousse doucement, elle recule, et se met ainsi entre lui et le petit page ; mais pendant que le comte s'abaisse et prend sa place, Chérubin tourne et se jette effrayé sur le fauteuil à genoux, et s'y blottit. Suzanne prend la robe qu'elle apportait, en couvre le page et se met devant le fauteuil.

1. Voir encadré, p. 45
2. Bavarder.
3. À la tombée de la nuit.
4. Comprendre : « Monseigneur n'est pas chez lui ».

■ Scène 9

LE COMTE *et* CHÉRUBIN *cachés*, SUZANNE, BAZILE

BAZILE. – N'auriez-vous pas vu Monseigneur, mademoiselle ?

SUZANNE, *brusquement.* – Hé ! pourquoi l'aurais-je vu ? Laissez-moi.

BAZILE *s'approche.* – Si vous étiez plus raisonnable, il n'y aurait rien d'étonnant à ma question. C'est Figaro qui le cherche.

SUZANNE. – Il cherche donc l'homme qui lui veut le plus de mal après vous ?

LE COMTE, *à part.* – Voyons un peu comme il me sert.

BAZILE. – Désirer du bien à une femme, est-ce vouloir du mal à son mari ?

SUZANNE. – Non, dans vos affreux principes, agent de corruption.

BAZILE. – Que vous demande-t-on ici que vous n'alliez prodiguer à un autre ? Grâce à la douce cérémonie, ce qu'on vous défendait hier, on vous le prescrira demain.

SUZANNE. – Indigne !

BAZILE. – De toutes les choses sérieuses le mariage étant la plus bouffonne, j'avais pensé…

SUZANNE, *outrée.* – Des horreurs ! Qui vous permet d'entrer ici ?

BAZILE. – Là, là, mauvaise ! Dieu vous apaise ! il n'en sera que ce que vous voulez ; mais ne croyez pas non plus que je regarde Monsieur Figaro comme l'obstacle qui nuit à Monseigneur ; et sans le petit page…

SUZANNE, *timidement.* – Don[1] Chérubin ?

BAZILE *la contrefait.* – *Cherubino di amore*[2], qui tourne autour de vous sans cesse, et qui ce matin encore, rôdait ici pour y entrer quand je vous ai quittée ; dites que cela n'est pas vrai ?

SUZANNE. – Quelle imposture ! Allez-vous-en, méchant homme !

BAZILE. – On est un méchant homme parce qu'on y voit clair. N'est-ce pas pour vous aussi cette romance dont il fait mystère ?

SUZANNE, *en colère.* – Ah ! oui, pour moi !…

BAZILE. – À moins qu'il ne l'ait composée pour Madame ! en effet, quand il sert à table on dit qu'il la regarde avec des yeux !… mais, peste[3], qu'il ne s'y joue pas ! Monseigneur est *brutal* sur l'article[4].

SUZANNE, *outrée.* – Et vous bien scélérat, d'aller semant de pareils bruits pour perdre un malheureux enfant tombé dans la disgrâce de son maître.

BAZILE. – L'ai-je inventé ? Je le dis parce que tout le monde en parle.

LE COMTE *se lève.* – Comment, tout le monde en parle !

SUZANNE. – Ah Ciel !

1. Titre Espagnol attribué anciennement aux aristocrates puis répandu comme l'équivalent de « monsieur ».
2. En italien, « Chérubin d'amour ».
3. Interjection, soulignant ici la mise en garde.
4. Violent sur ce sujet.

Bazile. – Ah ! ah !

Le Comte. – Courez, Bazile, et qu'on le chasse.

Bazile. – Ah ! que je suis fâché d'être entré !

Suzanne, *troublée.* – Mon Dieu ! Mon Dieu !

Le Comte, *à Bazile.* – Elle est saisie. Asseyons-la dans ce fauteuil.

Suzanne *le repousse vivement.* – Je ne veux pas m'asseoir. Entrer ainsi librement, c'est indigne !

Le Comte. – Nous sommes deux avec toi, ma chère. Il n'y a plus le moindre danger !

Bazile. – Moi je suis désolé de m'être égayé sur le page puisque vous l'entendiez. Je n'en usais ainsi que pour pénétrer ses sentiments, car au fond…

Le Comte. – Cinquante pistoles[5], un cheval, et qu'on le renvoie à ses parents.

Bazile. – Monseigneur, pour un badinage[6] ?

Le Comte. – Un petit libertin que j'ai surpris encore hier avec la fille du jardinier.

Bazile. – Avec Fanchette ?

Le Comte. – Et dans sa chambre.

Suzanne, *outrée.* – Où Monseigneur avait sans doute affaire aussi !

Le Comte, *gaiement.* – J'en aime assez la remarque.

5. Ancienne monnaie d'or.
6. Jeu, plaisanterie.

Bazile. – Elle est d'un bon augure[1].

Le Comte, *gaiement.* – Mais non ! j'allais chercher ton oncle Antonio, mon ivrogne de jardinier, pour lui donner des ordres. Je frappe, on est longtemps à m'ouvrir ; ta cousine a l'air empêtré ; je prends un soupçon[2], je lui parle, et tout en causant j'examine. Il y avait derrière la porte une espèce de rideau, de portemanteau[3], de je ne sais pas quoi, qui couvrait des hardes[4] ; sans faire semblant de rien je vais doucement, doucement lever ce rideau, (*pour imiter le geste, il lève la robe du fauteuil*) et je vois… (*Il aperçoit le page.*) Ah…

Bazile. – Ha ! ha !

Le Comte. – Ce tour-ci vaut l'autre.

Bazile. – Encore mieux.

Le Comte, *à Suzanne.* – À merveille, mademoiselle : à peine fiancée vous faites de ces apprêts[5] ? C'était pour recevoir mon page que vous désiriez d'être seule ? Et vous, monsieur, qui ne changez point de conduite, il vous manquait de vous adresser, sans respect pour votre marraine, à sa première camariste, à la femme de votre ami ! mais je ne souffrirai pas que Figaro, qu'un homme que j'estime et que j'aime soit victime d'une pareille tromperie : était-il avec vous, Bazile ?

Suzanne, *outrée.* – Il n'y a ni tromperie ni victime ; il était là lorsque vous me parliez.

Le Comte, *emporté.* – Puisses-tu mentir en le disant ! son plus cruel ennemi n'oserait lui souhaiter ce malheur.

1. Prometteuse.
2. Il me vient un soupçon.
3. Penderie.
4. Vêtements, sans connotation péjorative.
5. Préparatifs.

SUZANNE. – Il me priait d'engager Madame à vous demander sa grâce. Votre arrivée l'a si fort troublé qu'il s'est masqué de ce fauteuil.

LE COMTE, *en colère.* – Ruse d'enfer ! je m'y suis assis en entrant.

CHÉRUBIN. – Hélas, Monseigneur, j'étais tremblant derrière.

LE COMTE. – Autre fourberie ! je viens de m'y placer moi-même.

CHÉRUBIN. – Pardon, mais c'est alors que je me suis blotti dedans.

LE COMTE, *plus outré.* – C'est donc une couleuvre, que ce petit… serpent-là ! il nous écoutait !

CHÉRUBIN. – Au contraire, Monseigneur, j'ai fait ce que j'ai pu pour ne rien entendre.

LE COMTE. – Ô perfidie ! (*À Suzanne :*) Tu n'épouseras pas Figaro.

BAZILE. – Contenez-vous, on vient.

LE COMTE, *tirant Chérubin du fauteuil et le mettant sur ses pieds.* – Il resterait là devant toute la terre !

Scène 10

CHÉRUBIN, SUZANNE, FIGARO, LA COMTESSE, LE COMTE, FANCHETTE, BAZILE ;
beaucoup de valets, paysannes, paysans vêtus en habits de fête.

FIGARO, *tenant une toque de femme garnie de plumes blanches et de rubans blancs, parle à la comtesse.* – Il n'y a que vous, Madame, qui puissiez nous obtenir cette faveur.

LA COMTESSE. – Vous les voyez, monsieur le comte, ils me supposent un crédit[1] que je n'ai point : mais comme leur demande n'est pas déraisonnable…

LE COMTE, *embarrassé.* – Il faudrait qu'elle le fût beaucoup…

FIGARO, *bas à Suzanne.* – Soutiens bien mes efforts.

SUZANNE, *bas à Figaro.* – Qui ne mèneront à rien.

FIGARO, *bas.* – Va toujours.

LE COMTE, *à Figaro.* – Que voulez-vous ?

FIGARO. – Monseigneur, vos vassaux, touchés de l'abolition d'un certain droit fâcheux, que votre amour pour Madame…

LE COMTE. – Eh bien, ce droit n'existe plus, que veux-tu dire ?

1. Influence, pouvoir.

FIGARO, *malignement.* – Qu'il est bien temps que la vertu d'un si bon maître éclate ; elle m'est d'un tel avantage aujourd'hui que je désire être le premier à la célébrer à mes noces.

LE COMTE, *plus embarrassé.* – Tu te moques, ami ! l'abolition d'un droit honteux n'est que l'acquit[2] d'une dette envers l'honnêteté. Un Espagnol peut vouloir conquérir la beauté par des soins[3] ; mais en exiger le premier, le plus doux emploi, comme une servile redevance[4], ah ! c'est la tyrannie d'un Vandale[5], et non le droit avoué d'un noble Castillan.

FIGARO, *tenant Suzanne par la main.* – Permettez donc que cette jeune créature, de qui votre sagesse a préservé l'honneur, reçoive de votre main publiquement la toque virginale, ornée de plumes et de rubans blancs, symbole de la pureté de vos intentions ; adoptez-en la cérémonie pour tous les mariages, et qu'un quatrain chanté en chœur rappelle à jamais le souvenir…

LE COMTE, *embarrassé.* – Si je ne savais pas qu'amoureux, poète et musicien sont trois titres d'indulgence pour toutes les folies…

FIGARO. – Joignez-vous à moi, mes amis !

TOUS ENSEMBLE. – Monseigneur ! Monseigneur !

SUZANNE, *au comte.* – Pourquoi fuir un éloge que vous méritez si bien ?

LE COMTE, *à part.* – La perfide !

FIGARO. – Regardez-la donc, monseigneur ; jamais plus jolie fiancée ne montrera mieux la grandeur de votre sacrifice.

2. Remboursement.
3. Attentions délicates en faveur de la femme aimée (vocabulaire de la galanterie classique).
4. Obligation indigne.
5. Membre d'un peuple germanique qui envahit la Gaule, l'Espagne et l'Afrique du Nord au ve siècle, symbolisant la barbarie destructrice.

SUZANNE. – Laisse là ma figure, et ne vantons que sa vertu.

LE COMTE, *à part.* – C'est un jeu que tout ceci.

LA COMTESSE. – Je me joins à eux, monsieur le comte ; et cette cérémonie me sera toujours chère, puisqu'elle doit son motif à l'amour charmant que vous aviez pour moi.

LE COMTE. – Que j'ai toujours, madame ; et c'est à ce titre que je me rends.

TOUS ENSEMBLE. – Vivat[1] !

LE COMTE, *à part.* – Je suis pris. (*Haut.*) Pour que la cérémonie eût un peu plus d'éclat, je voudrais seulement qu'on la remît à tantôt. (*À part.*) Faisons vite chercher Marceline.

FIGARO, *à Chérubin.* – Eh bien, espiègle ! vous n'applaudissez pas ?

SUZANNE. – Il est au désespoir ; Monseigneur le renvoie.

LA COMTESSE. – Ah ! monsieur, je vous demande sa grâce.

LE COMTE. – Il ne la mérite point.

LA COMTESSE. – Hélas ! il est si jeune !

LE COMTE. – Pas tant que vous le croyez.

CHÉRUBIN, *tremblant.* – Pardonner généreusement n'est pas le droit du seigneur auquel vous avez renoncé en épousant Madame.

LA COMTESSE. – Il n'a renoncé qu'à celui qui vous affligeait tous.

1. Bravo.

Suzanne. – Si Monseigneur avait cédé le droit de pardonner, ce serait sûrement le premier qu'il voudrait racheter en secret.

Le Comte, *embarrassé.* – Sans doute.

La Comtesse. – Eh ! pourquoi le racheter ?

Chérubin, *au comte.* – Je fus léger dans ma conduite, il est vrai, Monseigneur ; mais jamais la moindre indiscrétion[2] dans mes paroles…

Le Comte, *embarrassé.* – Eh bien, c'est assez…

Figaro. – Qu'entend-il[3] ?

Le Comte, *vivement.* – C'est assez, c'est assez, tout le monde exige son pardon, je l'accorde, et j'irai plus loin : je lui donne une compagnie dans ma légion[4].

Tous ensemble. – Vivat !

Le Comte. – Mais c'est à condition qu'il partira sur-le-champ pour joindre[5] en Catalogne[6].

Figaro. – Ah ! Monseigneur, demain.

Le Comte insiste. – Je le veux.

Chérubin. – J'obéis.

Le Comte. – Saluez votre marraine, et demandez sa protection. (*Chérubin met un genou en terre devant la comtesse, et ne peut parler.*)

La Comtesse, *émue.* – Puisqu'on ne peut vous garder seulement aujourd'hui, partez, jeune homme. Un nouvel état vous appelle ; allez le remplir dignement. Honorez

2. Indélicatesse.
3. Que veut-il dire ?
4. Un poste dans mon régiment.
5. Rejoindre son poste.
6. Province du nord-est de l'Espagne.

votre bienfaiteur. Souvenez-vous de cette maison, où votre jeunesse a trouvé tant d'indulgence. Soyez soumis, honnête et brave ; nous prendrons part à vos succès.

Chérubin se relève et retourne à sa place.

LE COMTE. – Vous êtes bien émue, madame !

LA COMTESSE. – Je ne m'en défends pas. Qui sait le sort d'un enfant jeté dans une carrière aussi dangereuse ? Il est allié de mes parents ; et de plus, il est mon filleul.

LE COMTE, *à part.* – Je vois que Bazile avait raison. (*Haut.*) Jeune homme, embrassez Suzanne… pour la dernière fois.

FIGARO. – Pourquoi cela, monseigneur ? Il viendra passer ses hivers. Baise-moi[1] donc aussi, capitaine ! (*Il l'embrasse.*) Adieu, mon petit Chérubin. Tu vas mener un train de vie bien différent, mon enfant : dame[2] ! tu ne rôderas plus tout le jour au quartier des femmes : plus d'échaudés[3], de goûters à la crème ; plus de main chaude[4] ou de colin-maillard. De bons soldats, morbleu ! basanés, mal vêtus ; un grand fusil bien lourd ; tourne à droite, tourne à gauche, en avant, marche à la gloire ; et ne va pas broncher en chemin ; à moins qu'un bon coup de feu…

SUZANNE. – Fi donc, l'horreur !

LA COMTESSE. – Quel pronostic !

LE COMTE. – Où donc est Marceline ? Il est bien singulier qu'elle ne soit pas des vôtres !

FANCHETTE. – Monseigneur, elle a pris le chemin du bourg, par le petit sentier de la ferme.

LE COMTE. – Et elle en reviendra ?…

1. Embrasse-moi.
2. Exclamation familière (déformation de *Par Notre-Dame*).
3. Beignets.
4. Jeu de société où l'un des joueurs, les yeux bandés, doit identifier au seul contact ceux qui lui saisissent la main.

BAZILE. – Quand il plaira à Dieu.

FIGARO. – S'il lui plaisait qu'il ne lui plût jamais…

FANCHETTE. – Monsieur le Docteur lui donnait le bras.

LE COMTE, *vivement.* – Le docteur est ici ?

BAZILE. – Elle s'en est d'abord[5] emparée…

LE COMTE, *à part.* – Il ne pouvait venir plus à propos.

FANCHETTE. – Elle avait l'air bien échauffée, elle parlait tout haut en marchant, puis elle s'arrêtait, et faisait comme ça, de grands bras[6]… et Monsieur le Docteur lui faisait comme ça de la main, en l'apaisant : elle paraissait si courroucée ! elle nommait mon cousin Figaro.

LE COMTE *lui prend le menton.* – Cousin… futur.

FANCHETTE, *montrant Chérubin.* – Monseigneur, nous avez-vous pardonné d'hier[7] ?…

LE COMTE *interrompt.* – Bonjour, bonjour, petite.

FIGARO. – C'est son chien d'amour qui la berce ; elle aurait troublé notre fête.

LE COMTE, *à part.* – Elle la troublera, je t'en réponds. (*Haut.*) Allons, madame, entrons. Bazile, vous passerez chez moi.

SUZANNE, *à Figaro.* – Tu me rejoindras, mon fils ?

FIGARO, *bas à Suzanne.* – Est-il bien enfilé[8] ?

SUZANNE, *bas.* – Charmant garçon !

Ils sortent tous.

5. Dès son arrivée.
6. De grands mouvements de bras.
7. Pour hier.
8. Trompé.

■ Scène 11

CHÉRUBIN, FIGARO, BAZILE

Pendant qu'on sort, Figaro les arrête tous deux et les ramène.

FIGARO. – Ah ça, vous autres ! la cérémonie adoptée, ma fête de ce soir en est la suite ; il faut bravement nous recorder[1] : ne faisons point comme ces acteurs qui ne jouent jamais si mal que le jour où la critique est le plus éveillée. Nous n'avons point de lendemain qui nous excuse, nous. Sachons bien nos rôles aujourd'hui.

BAZILE, *malignement.* – Le mien est plus difficile que tu ne crois.

FIGARO, *faisant, sans qu'il le voie, le geste de le rosser.* – Tu es loin aussi de savoir tout le succès qu'il te vaudra.

CHÉRUBIN. – Mon ami, tu oublies que je pars.

FIGARO. – Et toi, tu voudrais bien rester !

CHÉRUBIN. – Ah ! si je le voudrais !

FIGARO. – Il faut ruser. Point de murmure à ton départ. Le manteau de voyage à l'épaule ; arrange ouvertement ta trousse[2], et qu'on voie ton cheval à la grille ; un temps de galop jusqu'à la ferme ; reviens à pied par les derrières ; Monseigneur te croira parti : tiens-toi seulement hors de sa vue ; je me charge de l'apaiser après la fête.

1. Nous mettre d'accord.
2. Bagage attaché derrière la selle d'un cheval.

CHÉRUBIN. – Mais Fanchette qui ne sait pas son rôle !

BAZILE. – Que diable lui apprenez-vous donc, depuis huit jours que vous ne la quittez pas ?

FIGARO. – Tu n'a rien à faire aujourd'hui, donne-lui par grâce une leçon.

BAZILE. – Prenez garde, jeune homme, prenez garde ! le père n'est pas satisfait ; la fille a été souffletée ; elle n'étudie pas avec vous : Chérubin ! Chérubin ! vous lui causerez des chagrins ! « Tant va la cruche à l'eau » !…

FIGARO. – Ah ! voilà notre imbécile avec ses vieux proverbes ! Eh bien ! pédant ! que dit la sagesse des nations ? « Tant va la cruche à l'eau, qu'à la fin… »

BAZILE. – Elle s'emplit[3].

FIGARO, *en s'en allant.* – Pas si bête, pourtant, pas si bête !

3. Bazile déforme le proverbe : « Tant va la cruche à l'eau qu'à la fin, elle se casse. »

Plan de la scène à l'acte II

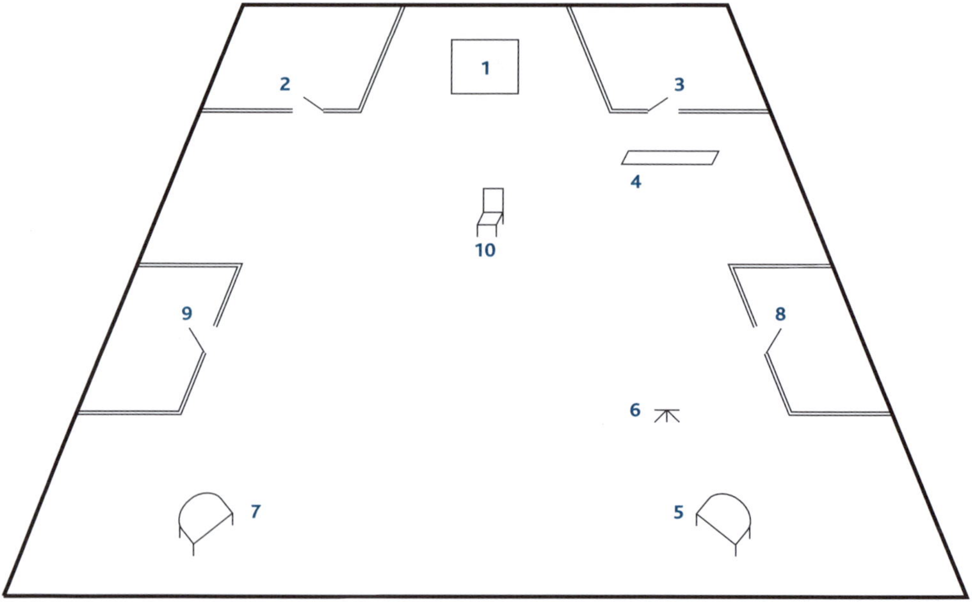

Rampe

1. Alcôve et lit de la Comtesse.
2. Porte conduisant à la chambre des femmes de la Comtesse.
3. Fenêtre par laquelle saute Chérubin.
4. Banc.
5. Fauteuil de la Comtesse.
6. Tabouret sur lequel est posée une guitare.
7. Autre fauteuil.
8. Cabinet fermant à clé où dort Suzanne.
9. Porte de communication avec l'appartement du Comte.
10. Chaise.

Le théâtre représente une chambre à coucher superbe, un grand lit en alcôve, une estrade au-devant. La porte pour entrer s'ouvre et se ferme à la troisième coulisse à droite, celle d'un cabinet à la première coulisse à gauche. Une porte dans le fond, va chez les femmes. Une fenêtre s'ouvre de l'autre côté.

Scène 1

SUZANNE, LA COMTESSE *entrent par la porte à droite.*

LA COMTESSE *se jette dans une bergère*[1]. – Ferme la porte, Suzanne, et conte-moi tout, dans le plus grand détail.

SUZANNE. – Je n'ai rien caché à Madame.

LA COMTESSE. – Quoi, Suzon, il voulait te séduire ?

SUZANNE. – Oh ! que non ! Monseigneur n'y met pas tant de façons avec sa servante : il voulait m'acheter.

LA COMTESSE. – Et le petit page était présent ?

SUZANNE. – C'est-à-dire, caché derrière le grand fauteuil. Il venait me prier de vous demander sa grâce.

LA COMTESSE. – Eh ! pourquoi ne pas s'adresser à moi-même ? est-ce que je l'aurais refusé, Suzon ?

SUZANNE. – C'est ce que j'ai dit : mais ses regrets de partir, et surtout de quitter Madame ! « Ah ! Suzon, qu'elle est noble et belle ! mais qu'elle est imposante ! »

LA COMTESSE. – Est-ce que j'ai cet air-là, Suzon ? moi qui l'ai toujours protégé.

1. Large fauteuil.

SUZANNE. – Puis il a vu votre ruban de nuit que je tenais, il s'est jeté dessus…

LA COMTESSE, *souriant.* – Mon ruban ?… quelle enfance[1] !

SUZANNE. – J'ai voulu le lui ôter ; madame, c'était un lion ; ses yeux brillaient… « Tu ne l'auras qu'avec ma vie », disait-il, en forçant sa petite voix douce et grêle.

LA COMTESSE, *rêvant.* – Eh bien, Suzon ?

SUZANNE. – Eh bien, madame, est-ce qu'on peut faire finir ce petit démon-là ? ma marraine par-ci ; je voudrais bien par l'autre ; et parce qu'il n'oserait seulement baiser la robe de Madame, il voudrait toujours m'embrasser, moi.

LA COMTESSE, *rêvant.* – Laissons… laissons ces folies… Enfin, ma pauvre Suzanne, mon époux a fini par te dire… ?

SUZANNE. – Que si je ne voulais pas l'entendre, il allait protéger Marceline.

LA COMTESSE *se lève et se promène, en se servant fortement de l'éventail.* – Il ne m'aime plus du tout.

SUZANNE. – Pourquoi tant de jalousie ?

LA COMTESSE. – Comme tous les maris, ma chère ! uniquement par orgueil. Ah ! je l'ai trop aimé ! je l'ai lassé de mes tendresses, et fatigué de mon amour ; voilà mon seul tort avec lui. Mais je n'entends pas que cet honnête aveu te nuise, et tu épouseras Figaro. Lui seul peut nous y aider : viendra-t-il ?

SUZANNE. – Dès qu'il verra partir la chasse.

1. Enfantillage.

La Comtesse, *se servant de l'éventail.* – Ouvre un peu la croisée[2] sur le jardin. Il fait une chaleur ici !…

Suzanne. – C'est que Madame parle et marche avec action[3].

Elle va ouvrir la croisée du fond.

La Comtesse, *rêvant longtemps.* – Sans cette constance[4] à me fuir… Les hommes sont bien coupables !

Suzanne *crie de la fenêtre.* – Ah ! voilà Monseigneur qui traverse à cheval le grand potager, suivi de Pédrille, avec deux, trois, quatre lévriers.

La Comtesse. – Nous avons du temps devant nous. (*Elle s'assied.*) On frappe, Suzon ?

Suzanne *court ouvrir en chantant.* – Ah ! c'est mon Figaro ! ah ! c'est mon Figaro !

■ Scène 2

Figaro, Suzanne ; La Comtesse, *assise.*

Suzanne. – Mon cher ami, viens donc. Madame est dans une impatience !…

Figaro. – Et toi, ma petite Suzanne ? Madame n'en doit prendre aucune. Au fait, de quoi s'agit-il ? d'une misère. M. le comte trouve notre jeune femme aimable, il voudrait en faire sa maîtresse ; et c'est bien naturel.

Suzanne. – Naturel ?

2. Fenêtre.
3. Agitation, fougue.
4. Persévérance.

FIGARO. – Puis il m'a nommé courrier de dépêches, et Suzon conseiller d'ambassade. Il n'y a pas là d'étourderie.

SUZANNE. – Tu finiras ?

FIGARO. – Et parce que Suzanne, ma fiancée, n'accepte pas le diplôme, il va favoriser les vues de Marceline ; quoi de plus simple encore ? Se venger de ceux qui nuisent à nos projets en renversant les leurs ; c'est ce que chacun fait ; ce que nous allons faire nous-mêmes. Eh bien ! voilà tout pourtant.

LA COMTESSE. – Pouvez-vous, Figaro, traiter si légèrement un dessein qui nous coûte à tous le bonheur ?

FIGARO. – Qui dit cela, madame ?

SUZANNE. – Au lieu de t'affliger de nos chagrins…

FIGARO. – N'est-ce pas assez que je m'en occupe ? Or, pour agir aussi méthodiquement que lui, tempérons d'abord son ardeur de nos possessions[1], en l'inquiétant sur les siennes.

LA COMTESSE. – C'est bien dit ; mais comment ?

FIGARO. – C'est déjà fait, madame ; un faux avis donné sur vous…

LA COMTESSE. – Sur moi ? la tête vous tourne !

FIGARO. – Oh ! c'est à lui qu'elle doit tourner.

LA COMTESSE. – Un homme aussi jaloux !…

FIGARO. – Tant mieux : pour tirer parti des gens de ce caractère, il ne faut qu'un peu leur fouetter le sang ; c'est ce que les femmes entendent si bien ! Puis, les tient-on

1. Son désir ardent de posséder ce qui nous appartient… c'est à dire Suzanne !

fâchés tout rouge, avec un brin d'intrigue[2] on les mène où l'on veut, par le nez, dans le Guadalquivir[3]. Je vous ai fait rendre[4] à Bazile un billet inconnu[5], lequel avertit Monseigneur qu'un galant doit chercher à vous voir aujourd'hui pendant le bal.

LA COMTESSE. – Et vous vous jouez ainsi de la vérité sur le compte d'une femme d'honneur !

FIGARO. – Il y en a peu, Madame, avec qui je l'eusse osé, crainte de rencontrer juste.

LA COMTESSE. – Il faudra que je l'en remercie !

FIGARO. – Mais dites-moi s'il n'est pas charmant de lui avoir taillé ses morceaux de la journée[6], de façon qu'il passe à rôder, à jurer après sa dame, le temps qu'il destinait à se complaire avec la nôtre ? Il est déjà tout dérouté : galopera-t-il celle-ci ? surveillera-t-il celle-là ? dans son trouble d'esprit, tenez, tenez, le voilà qui court la plaine, et force un lièvre qui n'en peut mais[7]. L'heure du mariage arrive en poste[8] ; il n'aura pas pris de parti contre ; et jamais il n'osera s'y opposer devant Madame.

SUZANNE. – Non ; mais Marceline, le bel esprit, osera le faire, elle.

FIGARO. – Brrrr. Cela m'inquiète bien, ma foi ! Tu feras dire à Monseigneur que tu te rendras sur la brune au jardin.

SUZANNE. – Tu comptes sur celui-là ?

FIGARO. – Oh ! dame ! écoutez donc ; les gens qui ne veulent rien faire de rien, n'avancent rien et ne sont bons à rien. Voilà mon mot.

2. Manœuvre, ruse.
3. Fleuve qui traverse Séville.
4. Remettre à Bazile.
5. Anonyme.
6. Organisé sa journée.
7. Qui n'en peut plus.
8. Très vite.

SUZANNE. – Il est joli !

LA COMTESSE. – Comme son idée : vous consentiriez qu'elle s'y rendît ?

FIGARO. – Point du tout. Je fais endosser un habit de Suzanne à quelqu'un : surpris par nous au rendez-vous, le comte pourra-t-il s'en dédire[1] ?

SUZANNE. – À qui mes habits ?

FIGARO. – Chérubin.

LA COMTESSE. – Il est parti.

FIGARO. – Non pas pour moi : veut-on me laisser faire ?

SUZANNE. – On peut s'en fier à lui pour mener une intrigue.

FIGARO. – Deux, trois, quatre à la fois ; bien embrouillées, qui se croisent. J'étais né pour être courtisan.

SUZANNE. – On dit que c'est un métier si difficile !

FIGARO.– Recevoir, prendre, et demander ; voilà le secret en trois mots.

LA COMTESSE. – Il a tant d'assurance qu'il finit par m'en inspirer.

FIGARO. – C'est mon dessein.

SUZANNE. – Tu disais donc ?

FIGARO. – Que pendant l'absence de Monseigneur je vais vous envoyer le Chérubin : coiffez-le, habillez-le ; je le renferme et l'endoctrine[2] ; et puis dansez, Monseigneur.

Il sort.

1. Nier qu'il se trouvait là.
2. Je lui donne des instructions.

Scène 3

SUZANNE, LA COMTESSE, *assise.*

LA COMTESSE, *tenant sa boîte à mouches*[3]. – Mon Dieu, Suzon, comme je suis faite[4] !… ce jeune homme qui va venir !…

SUZANNE. – Madame ne veut donc pas qu'il en réchappe[5] ?

LA COMTESSE *rêve devant sa petite glace.* – Moi ?… tu verras comme je vais le gronder.

SUZANNE. – Faisons-lui chanter sa romance.

Elle la met sur la comtesse.

LA COMTESSE. – Mais c'est qu'en vérité, mes cheveux sont dans un désordre…

SUZANNE, *riant.* – Je n'ai qu'à reprendre ces deux boucles, Madame le grondera bien mieux.

LA COMTESSE, *revenant à elle.* – Qu'est-ce que vous dites donc, mademoiselle ?

Scène 4

CHÉRUBIN, *l'air honteux,* SUZANNE, LA COMTESSE, *assise.*

SUZANNE. – Entrez, monsieur l'officier ; on est visible.

CHÉRUBIN *avance en tremblant.* – Ah, que ce nom m'afflige, Madame ! il m'apprend qu'il faut quitter des lieux… une marraine si… bonne !…

3. Petits morceaux d'étoffe noire que les femmes collaient sur leur visage ou leur décolleté pour faire ressortir la blancheur de la peau. Il y avait un miroir dans la boîte.
4. Comme j'ai mauvaise mine !
5. Qu'il échappe à la séduction exercée par la Comtesse.

SUZANNE. – Et si belle !

CHÉRUBIN, *avec un soupir.* – Ah ! oui.

SUZANNE *le contrefait.* – « Ah ! oui. » Le bon jeune homme ! avec ses longues paupières hypocrites. Allons, bel oiseau bleu[1], chantez la romance à Madame.

LA COMTESSE *la déplie.* – De qui… dit-on qu'elle est ?

SUZANNE. – Voyez la rougeur du coupable : en a-t-il un pied[2] sur les joues ?

CHÉRUBIN. – Est-ce qu'il est défendu… de chérir…

SUZANNE *lui met le poing sous le nez.* – Je dirai tout, vaurien !

LA COMTESSE. – Là… chante-t-il ?

CHÉRUBIN. – Oh ! Madame, je suis si tremblant !…

SUZANNE, *en riant.* – Et gnian, gnian, gnian, gnian, gnian gnian, gnian ; dès que[3] Madame le veut, modeste auteur ! Je vais l'accompagner.

LA COMTESSE. – Prends ma guitare.

La comtesse, assise, tient le papier pour suivre. Suzanne est derrière son fauteuil, et prélude en regardant la musique par-dessus sa maîtresse. Le petit page est devant elle, les yeux baissés. Ce tableau est juste la belle estampe d'après Van Loo[4], appelée La Conversation espagnole.

1. Chérubin porte « un léger manteau bleu sur l'épaule, et un chapeau chargé de plumes ».
2. Unité de mesure.
3. Puisque.
4. Peintre français (1705-1765).

ROMANCE

Air : « *Marlbroug s'en va-t-en guerre.* »

Premier couplet

Mon coursier[5] hors d'haleine,
(Que mon cœur, mon cœur a de peine !)
J'errais de plaine en plaine,
Au gré du destrier[6].

Deuxième couplet

Au gré du destrier,
Sans varlet, n'écuyer[7] ;
Là près d'une fontaine,
(Que mon cœur, mon cœur a de peine !)
Songeant à ma marraine,
Sentais mes pleurs couler.

Troisième couplet

Sentais mes pleurs couler,
Prêt à me désoler ;
Je gravais sur un frêne
(Que mon cœur, mon cœur a de peine !)
Sa lettre sans la mienne ;
Le Roi vint à passer.

Quatrième couplet

Le Roi vint à passer,
Ses barons, son clergier[8].
« Beau page, dit la reine,
(Que mon cœur, mon cœur a de peine !)
Qui vous met à la gêne[9] ?
Qui vous fait tant plorer[10] ?

Chérubin en troubadour

La romance de Chérubin est écrite dans un style dit « marotique » (de Clément Marot, poète français du XVIe siècle), imitant celui des troubadours médiévaux. Cette parodie de l'amour courtois renforce le caractère sentimental du jeune page, courtisant la Comtesse comme un chevalier servant auprès de sa « dame » inaccessible et vénérée. ■

5. Cheval de tournoi ou de bataille.
6. Cheval de bataille (terme médiéval).
7. Sans valet ni écuyer.
8. Forme ancienne de *clergé*.
9. Torture.
10. Pleurer.

Cinquième couplet

Qui vous fait tant plorer ?
Nous faut le déclarer.
– Madame et Souveraine,
(Que mon cœur, mon cœur a de peine !)
J'avais une marraine,
Que toujours adorai.

Sixième couplet

Que toujours adorai :
Je sens que j'en mourrai.
– Beau page, dit la reine,
(Que mon cœur, mon cœur a de peine !)
N'est-il qu'une marraine ?
Je vous en servirai.

Septième couplet

Je vous en servirai ;
Mon page vous ferai ;
Puis à ma jeune Hélène,
(Que mon cœur, mon cœur a de peine !)
Fille d'un capitaine,
Un jour vous marirai.

Huitième couplet

Un jour vous marirai.
– Nenni, n'en faut parler ;
Je veux, traînant ma chaîne,
(Que mon cœur, mon cœur a de peine !)
Mourir de cette peine ;
Mais non m'en consoler. »

La Comtesse. – Il y a de la naïveté[1]… du sentiment même.

Suzanne *va poser la guitare sur un fauteuil.* – Oh ! pour du sentiment, c'est un jeune homme qui… Ah çà ! monsieur l'officier, vous a-t-on dit que pour égayer la soirée, nous voulons savoir d'avance si un de mes habits vous ira passablement[2] ?

La Comtesse. – J'ai peur que non.

Suzanne *se mesure avec lui.* – Il est de ma grandeur. Ôtons d'abord le manteau. (*Elle le détache.*)

Chérubin. – Et si quelqu'un entrait ?

Suzanne. – Est-ce que nous faisons du mal donc ? Je vais fermer la porte ; (*elle court*) mais c'est la coiffure que je veux voir.

La Comtesse. – Sur ma toilette[3], une baigneuse[4] à moi.
Suzanne entre dans le cabinet dont la porte est au bord du théâtre.

Scène 5

Chérubin, La Comtesse, *assise.*

La Comtesse. – Jusqu'à l'instant du bal le comte ignorera que vous soyez au château. Nous lui dirons après que le temps d'expédier votre brevet[5] nous a fait naître l'idée…

Chérubin *le lui montre.* – Hélas ! Madame, le voici ; Bazile me l'a remis de sa part.

1. Simplicité, grâce naturelle.
2. Correctement.
3. Meuble sur lequel étaient posés les objets de toilette.
4. Bonnet de femme, aux bords rabattus.
5. Valider, authentifier le brevet d'officier.

LA COMTESSE. – Déjà ? l'on a craint d'y perdre une minute. (*Elle lit.*) Ils se sont tant pressés qu'ils ont oublié d'y mettre son cachet.

Elle le lui rend.

■ Scène 6

CHÉRUBIN, LA COMTESSE, SUZANNE

SUZANNE *entre avec un grand bonnet.* – Le cachet, à quoi ?

LA COMTESSE. – À son brevet.

SUZANNE. – Déjà ?

LA COMTESSE. – C'est ce que je disais. Est-ce là ma baigneuse ?

SUZANNE *s'assied près de la comtesse.* – Et la plus belle de toutes. (*Elle chante avec des épingles dans sa bouche.*)

Tournez-vous donc envers ici,
Jean de Lyra[1], mon bel ami.

(*Chérubin se met à genoux. Elle le coiffe*[2].) Madame, il est charmant !

LA COMTESSE. – Arrange son collet, d'un air un peu plus féminin.

SUZANNE *l'arrange.* – Là... mais voyez donc ce morveux, comme il est joli en fille ! j'en suis jalouse, moi ! (*Elle lui prend le menton.*) Voulez-vous bien n'être pas joli comme ça ?

LA COMTESSE. – Qu'elle est folle ! Il faut relever la manche, afin que l'amadis[3] prenne[4] mieux... (*Elle la retrousse.*) Qu'est-ce qu'il a donc au bras ? un ruban !

1. Nom inventé, formé sur *lyre*, instrument et symbole des poètes.
2. Elle lui met le bonnet.
3. Bout de manche boutonné au poignet.
4. Tienne.

SUZANNE. – Et un ruban à vous. Je suis bien aise que Madame l'ait vu. Je lui avais dit que je le dirais, déjà ! Oh ! si Monseigneur n'était pas venu, j'aurais bien repris le ruban ; car je suis presque aussi forte que lui.

LA COMTESSE. – Il y a du sang ! (*Elle détache le ruban.*)

CHÉRUBIN, *honteux.* – Ce matin, comptant partir, j'arrangeais la gourmette[5] de mon cheval ; il a donné de la tête[6], et la bossette[7] m'a effleuré le bras.

LA COMTESSE. – On n'a jamais mis un ruban…

SUZANNE. – Et surtout un ruban volé. Voyons donc… ce que la bossette… la courbette[8]… la cornette[9] du cheval… Je n'entends rien à tous ces noms-là. Ah ! qu'il a le bras blanc ! c'est comme une femme ! plus blanc que le mien ! regardez donc, Madame ! (*Elle les compare.*)

LA COMTESSE, *d'un ton glacé.* – Occupez-vous plutôt de m'avoir du taffetas gommé[10], dans ma toilette.

Suzanne lui pousse la tête, en riant ; il tombe sur les deux mains. Elle entre dans le cabinet au bord du théâtre.

Scène 7

CHÉRUBIN *à genoux,* LA COMTESSE *assise.*

LA COMTESSE *reste un moment sans parler, les yeux sur son ruban. Chérubin la dévore de ses regards.* – Pour mon ruban, monsieur… comme c'est celui dont la couleur m'agrée le plus… j'étais fort en colère de l'avoir perdu.

5. Chaînette fixant le mors dans la bouche du cheval.
6. Donné un coup de tête.
7. Ornement en forme de bosse, sur le mors.
8. Saut du cheval qui fléchit ses pattes antérieures sous le ventre.
9. Coiffe de femme.
10. Enduit de gomme (servant de pansement).

Scène 8

CHÉRUBIN *à genoux,* LA COMTESSE *assise,* SUZANNE

SUZANNE, *revenant.* – Et la ligature à son bras ?

Elle remet à la comtesse du taffetas gommé et des ciseaux.

LA COMTESSE. – En allant lui chercher tes hardes, prends le ruban d'un autre bonnet.

Suzanne sort par la porte du fond, en emportant le manteau du page.

Scène 9

CHÉRUBIN *à genoux,* LA COMTESSE *assise.*

CHÉRUBIN, *les yeux baissés.* – Celui qui m'est ôté m'aurait guéri en moins de rien.

LA COMTESSE. – Par quelle vertu ? (*Lui montrant le taffetas.*) Ceci vaut mieux.

CHÉRUBIN, *hésitant.* – Quand un ruban… a serré la tête… ou touché la peau d'une personne…

LA COMTESSE, *coupant la phrase.* –… étrangère, il devient bon pour les blessures ? J'ignorais cette propriété. Pour l'éprouver, je garde celui-ci qui vous a serré le bras. À la première égratignure… de mes femmes, j'en ferai l'essai.

CHÉRUBIN, *pénétré*[1]. – Vous le gardez, et moi, je pars !

LA COMTESSE. – Non pour toujours.

CHÉRUBIN. – Je suis si malheureux !

1. Ému.

LA COMTESSE, *émue.* – Il pleure à présent ! c'est ce vilain Figaro avec son pronostic !

CHÉRUBIN, *exalté.* – Ah ! je voudrais toucher au terme qu'il m'a prédit[2] ! sûr de mourir à l'instant, peut-être ma bouche oserait…

LA COMTESSE *l'interrompt et lui essuie les yeux avec son mouchoir.* – Taisez-vous, taisez-vous, enfant. Il n'y a pas un brin de raison dans tout ce que vous dites. (*On frappe à la porte, elle élève la voix.*) Qui frappe ainsi chez moi ?

■ Scène 10

CHÉRUBIN, LA COMTESSE, LE COMTE, *en dehors.*

LE COMTE, *en dehors.* – Pourquoi donc enfermée ?

LA COMTESSE, *troublée, se lève.* – C'est mon époux ! grands dieux !… (*À Chérubin qui s'est levé aussi :*) Vous sans manteau, le col[3] et les bras nus ! seul avec moi ! cet air de désordre, un billet reçu, sa jalousie !…

LE COMTE, *en dehors.* – Vous n'ouvrez pas ?

LA COMTESSE. – C'est que… je suis seule.

LE COMTE, *en dehors.* – Seule ! Avec qui parlez-vous donc ?

LA COMTESSE, *cherchant.* – … Avec vous sans doute.

CHÉRUBIN, *à part.* – Après les scènes d'hier, et de ce matin, il me tuerait sur la place[4] !

Il court au cabinet de toilette, y entre, et tire la porte sur lui.

2. Être sur le point de mourir comme il me l'a prédit.
3. Cou.
4. Sur place, aussitôt.

Scène 11

La Comtesse, *seule, en ôte la clef et court ouvrir au comte.* – Ah ! quelle faute ! quelle faute !

Scène 12

Le Comte, La Comtesse

Le Comte, *un peu sévère.* – Vous n'êtes pas dans l'usage de vous enfermer !

La Comtesse, *troublée.* – Je… je chiffonnais[1]… oui, je chiffonnais avec Suzanne ; elle est passée un moment chez elle.

Le Comte *l'examine.* – Vous avez l'air et le ton bien altérés !

La Comtesse. – Cela n'est pas étonnant… pas étonnant du tout… je vous assure… nous parlions de vous… elle est passée, comme je vous dis…

Le Comte. – Vous parliez de moi !… Je suis ramené par l'inquiétude : en montant à cheval, un billet qu'on m'a remis, mais auquel je n'ajoute aucune foi, m'a… pourtant agité.

La Comtesse. – Comment, monsieur ?… quel billet ?

1. Rangeais ou essayais des vêtements.

LE COMTE. – Il faut avouer, madame, que vous ou moi sommes entourés d'êtres… bien méchants ! On me donne avis que dans la journée, quelqu'un que je crois absent doit chercher à vous entretenir.

LA COMTESSE. – Quel que soit cet audacieux, il faudra qu'il pénètre ici ; car mon projet est de ne pas quitter ma chambre de tout le jour.

LE COMTE. – Ce soir, pour la noce de Suzanne ?

LA COMTESSE. – Pour rien au monde ; je suis très incommodée.

LE COMTE. – Heureusement le docteur est ici. (*Le page fait tomber une chaise dans le cabinet.*) Quel bruit entends-je ?

LA COMTESSE, *plus troublée.* – Du bruit ?

LE COMTE. – On a fait tomber un meuble.

LA COMTESSE. – Je… je n'ai rien entendu, pour moi.

LE COMTE. – Il faut que vous soyez furieusement préoccupée !

LA COMTESSE. – Préoccupée ! de quoi ?

LE COMTE. – Il y a quelqu'un dans ce cabinet, madame.

LA COMTESSE. – Hé… qui voulez-vous qu'il y ait, monsieur ?

LE COMTE. – C'est moi qui vous le demande ; j'arrive.

LA COMTESSE. – Hé mais… Suzanne apparemment qui range.

LE COMTE. – Vous avez dit qu'elle était passée chez elle !

LA COMTESSE. – Passée… ou entrée là ; je ne sais lequel.

LE COMTE. – Si c'est Suzanne, d'où vient le trouble où je vous vois ?

LA COMTESSE. – Du trouble pour ma camariste ?

LE COMTE. – Pour votre camariste, je ne sais ; mais pour du trouble, assurément.

LA COMTESSE. – Assurément, monsieur, cette fille vous trouble, et vous occupe beaucoup plus que moi.

LE COMTE, *en colère*. – Elle m'occupe à tel point, madame, que je veux la voir à l'instant.

LA COMTESSE. – Je crois en effet, que vous le voulez souvent ; mais voilà bien les soupçons les moins fondés…

Scène 13

LE COMTE, LA COMTESSE ; SUZANNE *entre avec des hardes et pousse la porte du fond.*

LE COMTE. – Ils en seront plus aisés à détruire. (*Il parle au cabinet.*) Sortez, Suzon ; je vous l'ordonne.

Suzanne s'arrête auprès de l'alcôve dans le fond.

LA COMTESSE. – Elle est presque nue, monsieur ; vient-on troubler ainsi des femmes dans leur retraite ? Elle essayait des hardes que je lui donne en la mariant ; elle s'est enfuie quand elle vous a entendu.

LE COMTE. – Si elle craint tant de se montrer, au moins elle peut parler. (*Il se tourne vers la porte du cabinet.*) Répondez-moi, Suzanne ; êtes-vous dans ce cabinet ?

Suzanne, restée au fond, se jette dans l'alcôve et s'y cache.

LA COMTESSE, *vivement, parlant au cabinet.* – Suzon, je vous défends de répondre. (*Au comte :*) On n'a jamais poussé si loin la tyrannie !

LE COMTE *s'avance au cabinet.* – Oh ! bien, puisqu'elle ne parle pas, vêtue ou non, je la verrai.

LA COMTESSE *se met au-devant.* – Partout ailleurs je ne puis l'empêcher ; mais j'espère aussi que chez moi...

LE COMTE. – Et moi j'espère savoir dans un moment[1] quelle est cette Suzanne mystérieuse. Vous demander la clef serait, je le vois, inutile ! mais il est un moyen sûr de jeter en dedans cette légère porte. Holà ! quelqu'un !

LA COMTESSE. – Attirer vos gens, et faire un scandale public d'un soupçon qui nous rendrait la fable du château ?

LE COMTE. – Fort bien, madame ; en effet, j'y suffirai ; je vais à l'instant prendre chez moi ce qu'il faut... (*Il marche pour sortir et revient.*) Mais pour que tout reste au même état, voudrez-vous bien m'accompagner sans scandale et sans bruit, puisqu'il[2] vous déplaît tant ?... une chose aussi simple, apparemment, ne me sera pas refusée !

LA COMTESSE, *troublée.* – Eh ! monsieur, qui songe à vous contrarier ?

1. Dans un instant.
2. Pronom neutre, équivalent à *cela* et représentant les mots *scandale* et *bruit*.

LE COMTE. – Ah ! j'oubliais la porte qui va chez vos femmes ; il faut que je la ferme aussi, pour que vous soyez pleinement justifiée.

Il va fermer la porte du fond et en ôte la clef.

LA COMTESSE, *à part.* – Ô Ciel ! étourderie funeste !

LE COMTE, *revenant à elle.* – Maintenant que cette chambre est close, acceptez mon bras, je vous prie ; (*il élève la voix*) et quant à la Suzanne du cabinet, il faudra qu'elle ait la bonté de m'attendre, et le moindre mal qui puisse lui arriver à mon retour…

LA COMTESSE. – En vérité, monsieur, voilà bien la plus odieuse aventure…

Le comte l'emmène et ferme la porte à la clef.

■ Scène 14

SUZANNE, CHÉRUBIN

SUZANNE *sort de l'alcôve, accourt au cabinet et parle à la serrure.* – Ouvrez, Chérubin, ouvrez vite, c'est Suzanne ; ouvrez et sortez.

CHÉRUBIN *sort.* – Ah ! Suzon, quelle horrible scène !

SUZANNE. – Sortez, vous n'avez pas une minute.

CHÉRUBIN, *effrayé.* – Eh ! par où sortir ?

SUZANNE. – Je n'en sais rien, mais sortez.

CHÉRUBIN. – S'il n'y a pas d'issue ?

SUZANNE. – Après la rencontre de tantôt[1], il vous écraserait, et nous serions perdues. Courez conter à Figaro…

CHÉRUBIN. – La fenêtre du jardin n'est peut-être pas bien haute. (*Il court y regarder.*)

SUZANNE, *avec effroi.* – Un grand étage ! impossible ! Ah ! ma pauvre maîtresse ! Et mon mariage, ô Ciel !

CHÉRUBIN *revient.* – Elle donne sur la melonnière[2] ; quitte à gâter une couche[3] ou deux.

SUZANNE *le retient et s'écrie.* – Il va se tuer !

CHÉRUBIN, *exalté.* – Dans un gouffre allumé, Suzon ! oui, je m'y jetterais, plutôt que de lui nuire… Et ce baiser va me porter bonheur.

Il l'embrasse et court sauter par la fenêtre.

Scène 15

SUZANNE, *seule, un cri de frayeur.*

Ah !… (*Elle tombe assise un moment. Elle va péniblement regarder à la fenêtre et revient.*) Il est déjà bien loin. Oh ! le petit garnement ! aussi leste que joli ! si celui-là manque de femmes… Prenons sa place au plus tôt. (*En entrant dans le cabinet.*) Vous pouvez à présent, monsieur le comte, rompre la cloison, si cela vous amuse ; au diantre[4] qui répond un mot !

Elle s'y enferme.

1. Tout à l'heure.
2. Terrain de culture des melons.
3. Terreau.
4. Au diable.

■ Scène 16

LE COMTE, LA COMTESSE *rentrent dans la chambre.*

LE COMTE, *une pince à la main, qu'il jette sur le fauteuil.* – Tout est bien comme je l'ai laissé. Madame, en m'exposant à briser cette porte, réfléchissez aux suites : encore une fois, voulez-vous l'ouvrir ?

LA COMTESSE. – Eh, monsieur, quelle horrible humeur peut altérer ainsi les égards entre deux époux ? Si l'amour vous dominait au point de vous inspirer ces fureurs, malgré leur déraison je les excuserais ; j'oublierais peut-être, en faveur du motif, ce qu'elles ont d'offensant pour moi. Mais la seule vanité peut-elle jeter dans cet excès un galant homme ?

LE COMTE. – Amour ou vanité, vous ouvrirez la porte ; ou je vais à l'instant…

LA COMTESSE, *au-devant.* – Arrêtez, monsieur, je vous prie. Me croyez-vous capable de manquer à ce que je me dois ?

LE COMTE. – Tout ce qu'il vous plaira, madame ; mais je verrai qui est dans ce cabinet.

LA COMTESSE, *effrayée.* – Eh bien, monsieur, vous le verrez. Écoutez-moi… tranquillement.

LE COMTE. – Ce n'est donc pas Suzanne ?

LA COMTESSE, *timidement.* – Au moins n'est-ce pas non plus une personne… dont vous deviez rien redouter…

Nous disposions[1] une plaisanterie… bien innocente en vérité, pour ce soir… et je vous jure…

LE COMTE. – Et vous me jurez ?

LA COMTESSE. – Que nous n'avions pas plus de dessein de vous offenser l'un que l'autre.

LE COMTE, *vite.* – L'un que l'autre ? c'est un homme ?

LA COMTESSE. – Un enfant, monsieur.

LE COMTE. – Hé qui donc ?

LA COMTESSE. – À peine osé-je le nommer !

LE COMTE, *furieux.* – Je le tuerai.

LA COMTESSE. – Grands dieux !

LE COMTE. – Parlez donc !

LA COMTESSE. – Ce jeune… Chérubin…

LE COMTE. – Chérubin ! l'insolent ! voilà mes soupçons et le billet expliqués.

LA COMTESSE, *joignant les mains.* – Ah ! monsieur, gardez de penser…

LE COMTE, *frappant du pied.* – (*À part.*) Je trouverai partout ce maudit page ! (*Haut.*) Allons, madame, ouvrez ; je sais tout maintenant. Vous n'auriez pas été si émue en le congédiant ce matin, il serait parti quand je l'ai ordonné, vous n'auriez pas mis tant de fausseté dans votre conte de Suzanne, il ne se serait pas si soigneusement caché, s'il n'y avait rien de criminel.

1. Préparions.

La Comtesse. – Il a craint de vous irriter en se montrant.

Le Comte, *hors de lui, crie au cabinet.* – Sors donc, petit malheureux !

La Comtesse *le prend à bras-le-corps, en l'éloignant.* – Ah ! monsieur, monsieur, votre colère me fait trembler pour lui. N'en croyez pas un injuste soupçon, de grâce ; et que le désordre où vous l'allez trouver…

Le Comte. – Du désordre !

La Comtesse. – Hélas, oui ; prêt à s'habiller en femme, une coiffure à moi sur la tête, en veste et sans manteau, le col ouvert, les bras nus ; il allait essayer…

Le Comte. – Et vous vouliez garder votre chambre ! Indigne épouse ! ah ! vous la garderez… longtemps ; mais il faut avant que j'en chasse un insolent, de manière à ne plus le rencontrer nulle part.

La Comtesse *se jette à genoux, les bras élevés.* – Monsieur le comte, épargnez un enfant ; je ne me consolerais pas d'avoir causé…

Le Comte. – Vos frayeurs aggravent son crime.

La Comtesse. – Il n'est pas coupable, il partait : c'est moi qui l'ai fait appeler.

Le Comte, *furieux.* – Levez-vous. Ôtez-vous… Tu es bien audacieuse d'oser me parler pour un autre !

La Comtesse. – Eh bien ! je m'ôterai, monsieur, je me lèverai ; je vous remettrai même la clef du cabinet : mais, au nom de votre amour…

LE COMTE. – De mon amour ! Perfide !

LA COMTESSE *se lève et lui présente la clef.* – Promettez-moi que vous laisserez aller cet enfant sans lui faire aucun mal ; et puisse après tout votre courroux tomber sur moi, si je ne vous convaincs pas…

LE COMTE, *prenant la clef.* – Je n'écoute plus rien.

LA COMTESSE *se jette sur une bergère, un mouchoir sur les yeux.* – Oh ! Ciel ! il va périr.

LE COMTE *ouvre la porte et recule.* – C'est Suzanne !

■ Scène 17

LA COMTESSE, LE COMTE, SUZANNE

SUZANNE *sort en riant.* – « Je le tuerai, je le tuerai. » Tuez-le donc, ce méchant page !

LE COMTE, *à part.* – Ah ! quelle école[1] ! (*Regardant la comtesse qui est restée stupéfaite.*) Et vous aussi, vous jouez l'étonnement ?… Mais peut-être elle n'y est pas seule.

Il entre.

■ Scène 18

LA COMTESSE *assise*, SUZANNE

SUZANNE *accourt à sa maîtresse.* – Remettez-vous, madame, il est bien loin, il a fait un saut…

LA COMTESSE. – Ah, Suzon, je suis morte.

1. Sottise, méprise (mot emprunté au jeu de trictrac, désignant une faute commise par un joueur).

Scène 19

La Comtesse *assise,* Suzanne, Le Comte

Le Comte *sort du cabinet d'un air confus. Après un court silence.* – Il n'y a personne, et pour le coup j'ai tort. Madame… vous jouez fort bien la comédie.

Suzanne, *gaiement.* – Et moi, Monseigneur ?

La comtesse, son mouchoir sur sa bouche pour se remettre, ne parle pas.

Le Comte *s'approche.* – Quoi, madame, vous plaisantiez ?

La Comtesse, *se remettant un peu.* – Eh ! pourquoi non, monsieur ?

Le Comte. – Quel affreux badinage ! et par quel motif, je vous prie ?…

La Comtesse. – Vos folies méritent-elles de la pitié ?

Le Comte. – Nommer folies ce qui touche à l'honneur !

La Comtesse, *assurant son ton par degrés*[1]. – Me suis-je unie à vous pour être éternellement dévouée[2] à l'abandon et à la jalousie, que vous seul osez concilier ?

Le Comte. – Ah ! madame, c'est sans ménagement[3].

Suzanne. – Madame n'avait qu'à vous laisser appeler les gens.

Le Comte. – Tu as raison, et c'est à moi de m'humilier… Pardon, je suis d'une confusion !…

1. Peu à peu.
2. Vouée.
3. Vous ne me ménagez pas.

SUZANNE. – Avouez, Monseigneur, que vous la méritez un peu !

LE COMTE. – Pourquoi donc ne sortais-tu pas lorsque je t'appelais ? Mauvaise !

SUZANNE. – Je me rhabillais de mon mieux, à grand renfort d'épingles, et Madame qui me le défendait avait bien ses raisons pour le faire.

LE COMTE. – Au lieu de rappeler mes torts, aide-moi plutôt à l'apaiser.

LA COMTESSE. – Non, monsieur ; un pareil outrage ne se couvre[4] point. Je vais me retirer aux Ursulines[5], et je vois trop qu'il en est temps.

LE COMTE. – Le pourriez-vous sans quelques regrets ?

SUZANNE. – Je suis sûre, moi, que le jour du départ serait la veille des larmes.

LA COMTESSE. – Eh ! quand cela serait, Suzon ? j'aime mieux le regretter que d'avoir la bassesse de lui pardonner ; il m'a trop offensée.

LE COMTE. – Rosine !…

LA COMTESSE. – Je ne la suis plus, cette Rosine que vous avez tant poursuivie ! Je suis la pauvre comtesse Almaviva, la triste femme délaissée, que vous n'aimez plus.

SUZANNE. – Madame !

LE COMTE, *suppliant*. – Par pitié !

LA COMTESSE. – Vous n'en aviez aucune pour moi.

4. Répare.
5. Nom d'un couvent.

Le Comte. – Mais aussi ce billet… Il m'a tourné le sang !

La Comtesse. – Je n'avais pas consenti qu'on l'écrivît.

Le Comte. – Vous le saviez ?

La Comtesse. – C'est cet étourdi de Figaro…

Le Comte. – Il en était ?

La Comtesse. – … qui l'a remis à Bazile.

Le Comte. – Qui m'a dit le tenir d'un paysan. Ô perfide chanteur ! lame à deux tranchants ! c'est toi qui payeras pour tout le monde.

La Comtesse. – Vous demandez pour vous un pardon que vous refusez aux autres : voilà bien les hommes ! Ah ! si jamais je consentais à pardonner en faveur de[1] l'erreur où vous a jeté ce billet, j'exigerais que l'amnistie fût générale.

Le Comte. – Eh bien ! de tout mon cœur, comtesse. Mais comment réparer une faute aussi humiliante ?

La Comtesse *se lève.* – Elle l'était pour tous deux.

Le Comte. – Ah ! dites pour moi seul. Mais je suis encore à concevoir comment les femmes prennent si vite et si juste l'air et le ton des circonstances. Vous rougissiez, vous pleuriez, votre visage était défait… D'honneur, il l'est encore.

La Comtesse, *s'efforçant de sourire.* – Je rougissais… du ressentiment de vos soupçons. Mais les hommes sont-ils assez délicats pour distinguer l'indignation d'une âme

1. En considération de.

honnête outragée, d'avec la confusion qui naît d'une accusation méritée ?

Le Comte, *souriant.* – Et ce page en désordre, en veste et presque nu…

La Comtesse, *montrant Suzanne.* – Vous le voyez devant vous. N'aimez-vous pas mieux l'avoir trouvé que l'autre ? en général, vous ne haïssez pas de rencontrer celui-ci.

Le Comte, *riant plus fort.* – Et ces prières, ces larmes feintes…

La Comtesse. – Vous me faites rire, et j'en ai peu d'envie.

Le Comte. – Nous croyons valoir quelque chose en politique, et nous ne sommes que des enfants. C'est vous, c'est vous, madame, que le roi devrait envoyer en ambassade à Londres ! Il faut que votre sexe ait fait une étude bien réfléchie de l'art de se composer[2] pour réussir à ce point !

La Comtesse. – C'est toujours vous qui nous y forcez.

Suzanne. – Laissez-nous prisonniers sur parole, et vous verrez si nous sommes gens d'honneur.

La Comtesse. – Brisons là[3], monsieur le comte. J'ai peut-être été trop loin ; mais mon indulgence en un cas aussi grave doit au moins m'obtenir la vôtre.

Le Comte. – Mais vous répéterez que vous me pardonnez.

La Comtesse. – Est-ce que je l'ai dit, Suzon ?

Suzanne. – Je ne l'ai pas entendu, madame.

Le Comte. – Eh bien ! que ce mot vous échappe.

2. Jouer un rôle, feindre.
3. Arrêtons là (cette discussion).

LA COMTESSE. – Le méritez-vous, ingrat ?

LE COMTE. – Oui, par mon repentir.

SUZANNE. – Soupçonner un homme dans le cabinet de Madame !

LE COMTE. – Elle m'en a si sévèrement puni !

SUZANNE. – Ne pas s'en fier à elle quand elle dit que c'est sa camariste !

LE COMTE. – Rosine, êtes-vous donc implacable ?

LA COMTESSE. – Ah ! Suzon ! que je suis faible ! quel exemple je te donne ! (*Tendant la main au comte.*) On ne croira plus à la colère des femmes.

SUZANNE. – Bon ! madame, avec eux ne faut-il pas toujours en venir là ?

Le comte baise ardemment la main de sa femme.

■ Scène 20

SUZANNE, FIGARO, LA COMTESSE, LE COMTE

FIGARO, *arrivant tout essoufflé.* – On disait Madame incommodée. Je suis vite accouru… je vois avec joie qu'il n'en est rien.

LE COMTE, *sèchement.* – Vous êtes fort attentif[1] !

1. Attentionné.

FIGARO. – Et c'est mon devoir. Mais puisqu'il n'en est rien, Monseigneur, tous vos jeunes vassaux des deux sexes sont en bas avec les violons et les cornemuses, attendant, pour m'accompagner, l'instant où vous permettrez que je mène ma fiancée…

LE COMTE. – Et qui surveillera la comtesse au château ?

FIGARO. – La veiller ! elle n'est pas malade.

LE COMTE. – Non ; mais cet homme absent qui doit l'entretenir ?

FIGARO. – Quel homme absent ?

LE COMTE. – L'homme du billet que vous avez remis à Bazile.

FIGARO. – Qui dit cela ?

LE COMTE. – Quand je ne le saurais pas d'ailleurs, fripon ! ta physionomie qui t'accuse me prouverait déjà que tu mens.

FIGARO. – S'il en est ainsi, ce n'est pas moi qui mens, c'est ma physionomie.

SUZANNE. – Va, mon pauvre Figaro, n'use pas ton éloquence en défaites[2] ; nous avons tout dit.

FIGARO. – Et quoi dit ? vous me traitez comme un Bazile !

SUZANNE. – Que tu avais écrit le billet de tantôt pour faire accroire à Monseigneur, quand il entrerait, que le petit page était dans ce cabinet où je me suis enfermée.

2. Fausses excuses.

LE COMTE. – Qu'as-tu à répondre ?

LA COMTESSE. – Il n'y a plus rien à cacher, Figaro ; le badinage est consommé[1].

FIGARO, *cherchant à deviner.* – Le badinage… est consommé ?

LE COMTE. – Oui, consommé. Que dis-tu là-dessus ?

FIGARO. – Moi ! je dis… que je voudrais bien qu'on en pût dire autant de mon mariage ; et si vous l'ordonnez…

LE COMTE. – Tu conviens donc enfin du billet ?

FIGARO. – Puisque Madame le veut, que Suzanne le veut, que vous le voulez vous-même, il faut bien que je le veuille aussi : mais à votre place, en vérité, Monseigneur, je ne croirais pas un mot de tout ce que nous vous disons.

LE COMTE. – Toujours mentir contre l'évidence ! à la fin cela m'irrite.

LA COMTESSE, *en riant.* – Eh, ce pauvre garçon ! pourquoi voulez-vous, monsieur, qu'il dise une fois la vérité ?

FIGARO, *bas à Suzanne.* – Je l'avertis de son danger ; c'est tout ce qu'un honnête homme peut faire.

SUZANNE, *bas.* – As-tu vu le petit page ?

FIGARO, *bas.* – Encore tout froissé.

SUZANNE, *bas.* – Ah, pécaïre[2] !

LA COMTESSE. – Allons, Monsieur le comte, ils brûlent de s'unir : leur impatience est naturelle ! entrons pour la cérémonie.

1. La plaisanterie est terminée.
2. Exclamation provençale (francisé en *peuchère !*) exprimant un sentiment affectueux ou ironique.

LE COMTE, *à part.* – Et Marceline, Marceline… (*Haut.*) Je voudrais être… au moins vêtu.

LA COMTESSE. – Pour nos gens ! Est-ce que je le suis ?

Scène 21

FIGARO, SUZANNE, LA COMTESSE, LE COMTE, ANTONIO

ANTONIO, *demi-gris*[3], *tenant un pot de giroflées écrasées.* – Monseigneur ! Monseigneur !

LE COMTE. – Que me veux-tu, Antonio ?

ANTONIO. – Faites donc une fois griller les croisées[4] qui donnent sur mes couches. On jette toutes sortes de choses par ces fenêtres ; et tout à l'heure encore on vient d'en jeter un homme.

LE COMTE. – Par ces fenêtres ?

ANTONIO. – Regardez comme on arrange mes giroflées[5] !

SUZANNE, *bas à Figaro.* – Alerte, Figaro, alerte.

FIGARO. – Monseigneur, il est gris dès le matin.

ANTONIO. – Vous n'y êtes pas. C'est un petit reste d'hier. Voilà comme on fait des jugements… ténébreux.

LE COMTE, *avec feu.* – Cet homme ! cet homme ! où est-il ?

ANTONIO. – Où il est ?

3. À moitié ivre.
4. Faites mettre des grilles aux fenêtres, une fois pour toutes.
5. Fleurs odorantes.

LE COMTE. – Oui.

ANTONIO. – C'est ce que je dis. Il faut me le trouver déjà[1]. Je suis votre domestique ; il n'y a que moi qui prends soin de votre jardin ; il y tombe un homme, et vous sentez… que ma réputation en est effleurée[2].

SUZANNE, *bas à Figaro.* – Détourne, détourne.

FIGARO. – Tu boiras donc toujours ?

ANTONIO. – Et si je ne buvais pas, je deviendrais enragé.

LA COMTESSE. – Mais en prendre ainsi sans besoin…

ANTONIO. – Boire sans soif et faire l'amour en tout temps, madame, il n'y a que ça qui nous distingue des autres bêtes.

LE COMTE, *vivement.* – Réponds-moi donc ou je vais te chasser.

ANTONIO. – Est-ce que je m'en irais ?

LE COMTE. – Comment donc ?

ANTONIO, *se touchant le front.* – Si vous n'avez pas assez de ça pour garder un bon domestique, je ne suis pas assez bête, moi, pour renvoyer un si bon maître.

LE COMTE *le secoue avec colère.* – On a, dis-tu, jeté un homme par cette fenêtre ?

ANTONIO. – Oui, Mon Excellence ; tout à l'heure, en veste blanche, et qui s'est enfui, jarni[3], courant…

LE COMTE, *impatienté.* – Après ?

1. Dès maintenant.
2. Jeu sur le double sens du verbe : « égratigner » et « enlever les fleurs »
3. Juron (déformation de *je renie Dieu*).

ANTONIO. – J'ai bien voulu courir après ; mais je me suis donné contre la grille une si fière gourde[4] à la main que je ne peux plus remuer ni pied ni patte de ce doigt-là.

Levant le doigt.

LE COMTE. – Au moins tu reconnaîtrais l'homme ?

ANTONIO. – Oh ! que oui-da !… si je l'avais vu pourtant !

SUZANNE, *bas à Figaro.* – Il ne l'a pas vu.

FIGARO. – Voilà bien du train[5] pour un pot de fleurs ! combien te faut-il, pleurard ! avec ta giroflée ? Il est inutile de chercher, Monseigneur, c'est moi qui ai sauté.

LE COMTE. – Comment ? c'est vous !

ANTONIO. – « Combien te faut-il, pleurard ? » Votre corps a donc bien grandi depuis ce temps-là ? car je vous ai trouvé beaucoup plus moindre et plus fluet !

FIGARO. – Certainement ; quand on saute, on se pelotonne…

ANTONIO. – M'est avis que c'était plutôt… qui dirait, le gringalet de page.

LE COMTE. – Chérubin, tu veux dire ?

FIGARO. – Oui, revenu tout exprès avec son cheval, de la porte de Séville, où peut-être il est déjà.

ANTONIO. – Oh ! non, je ne dis pas ça, je ne dis pas ça ; je n'ai pas vu sauter de cheval, car je le dirais de même.

LE COMTE. – Quelle patience !

4. Bosse résultant d'un coup.
5. Tapage.

FIGARO. – J'étais dans la chambre des femmes en veste blanche : il fait un chaud !... J'attendais là ma Suzannette, quand j'ai ouï tout à coup la voix de Monseigneur et le grand bruit qui se faisait : je ne sais quelle crainte m'a saisi à l'occasion de ce billet ; et s'il faut avouer ma bêtise, j'ai sauté sans réflexion sur les couches, où je me suis même un peu foulé le pied droit.

Il frotte son pied.

ANTONIO. – Puisque c'est vous, il est juste de vous rendre ce brimborion[1] de papier qui a coulé[2] de votre veste en tombant.

LE COMTE *se jette dessus.* – Donne-le-moi.

Il ouvre le papier et le referme.

FIGARO, *à part.* – Je suis pris.

LE COMTE, *à Figaro.* – La frayeur ne vous aura pas fait oublier ce que contient ce papier, ni comment il se trouvait dans votre poche ?

FIGARO, *embarrassé, fouille dans ses poches et en tire des papiers.* – Non sûrement... Mais c'est que j'en ai tant. Il faut répondre à tout... (*Il regarde un des papiers.*) Ceci ? ah ! c'est une lettre de Marceline, en quatre pages ; elle est belle !... Ne serait-ce pas la requête de ce pauvre braconnier en prison ?... non, la voici... J'avais l'état des meubles du petit château dans l'autre poche...

Le comte rouvre le papier qu'il tient.

LA COMTESSE, *bas à Suzanne.* – Ah dieux ! Suzon. C'est le brevet d'officier.

SUZANNE, *bas à Figaro.* – Tout est perdu, c'est le brevet.

1. Babiole, objet sans valeur.
2. Glissé.

LE COMTE *replie le papier.* – Eh bien ! l'homme aux expédients[3], vous ne devinez pas ?

ANTONIO, *s'approchant de Figaro.* – Monseigneur dit si vous ne devinez pas !

FIGARO *le repousse.* – Fi donc ! vilain, qui me parle dans le nez !

LE COMTE. – Vous ne vous rappelez pas ce que ce peut être ?

FIGARO. – A, a, a, ah ! *Povero*[4] ! ce sera le brevet de ce malheureux enfant, qu'il m'avait remis et que j'ai oublié de lui rendre. O, o, o, oh ! étourdi que je suis ! que fera-t-il sans son brevet ? Il faut courir…

LE COMTE. – Pourquoi vous l'aurait-il remis ?

FIGARO, *embarrassé.* – Il… désirait qu'on y fît quelque chose.

LE COMTE *regarde son papier.* – Il n'y manque rien.

LA COMTESSE, *bas à Suzanne.* – Le cachet.

SUZANNE, *bas à Figaro.* – Le cachet manque.

LE COMTE, *à Figaro.* – Vous ne répondez pas ?

FIGARO. – C'est… qu'en effet il y manque peu de chose. Il dit que c'est l'usage…

LE COMTE. – L'usage ! l'usage ! l'usage de quoi ?

FIGARO. – D'y apposer le sceau de vos armes. Peut-être aussi que cela ne valait pas la peine.

3. Homme qui trouve toujours les moyens de se tirer d'embarras.
4. Exclamation italienne. *Pauvre de moi !*

LE COMTE *rouvre le papier et le chiffonne de colère.* – Allons, il est écrit que je ne saurai rien. (*À part.*) C'est ce Figaro qui les mène et je ne m'en vengerais pas !

Il veut sortir avec dépit.

FIGARO, *l'arrêtant.* – Vous sortez sans ordonner[1] mon mariage ?

■ Scène 22

BAZILE, BARTHOLO, MARCELINE, FIGARO, LE COMTE, GRIPPE-SOLEIL, LA COMTESSE, SUZANNE, ANTONIO ; VALETS DU COMTE, SES VASSAUX

MARCELINE, *au comte.* – Ne l'ordonnez pas, Monseigneur ! Avant de lui faire grâce[2], vous nous devez justice. Il a des engagements avec moi.

LE COMTE, *à part.* – Voilà ma vengeance arrivée.

FIGARO. – Des engagements ! de quelle nature ? Expliquez-vous.

MARCELINE. – Oui, je m'expliquerai, malhonnête !

La comtesse s'assied sur une bergère. Suzanne est derrière elle.

LE COMTE. – De quoi s'agit-il, Marceline ?

MARCELINE. – D'une obligation de mariage.

FIGARO. – Un billet, voilà tout, pour de l'argent prêté.

MARCELINE, *au comte.* – Sous condition de m'épouser. Vous êtes un grand seigneur, le premier juge de la province…

1. Organiser la cérémonie.
2. Lui accorder ce qu'il demande.

Le Comte. – Présentez-vous au tribunal ; j'y rendrai justice à tout le monde.

Bazile, *montrant Marceline.* – En ce cas, Votre Grandeur permet que je fasse aussi valoir mes droits sur Marceline ?

Le Comte, *à part.* – Ah ! voilà mon fripon du billet.

Figaro. – Autre fou de la même espèce !

Le Comte, *en colère, à Bazile.* – Vos droits ! vos droits ! Il vous convient bien de parler devant moi, maître sot !

Antonio, *frappant dans sa main.* – Il ne l'a, ma foi, pas manqué du premier coup : c'est son nom.

Le Comte. – Marceline, on suspendra tout jusqu'à l'examen de vos titres, qui se fera publiquement dans la grand-salle d'audience. Honnête Bazile ! agent fidèle et sûr ! allez au bourg chercher les gens du Siège[3].

Bazile. – Pour son affaire ?

Le Comte. – Et vous m'amènerez le paysan du billet.

Bazile. – Est-ce que je le connais ?

Le Comte. – Vous résistez !

Bazile. – Je ne suis pas entré au château pour en faire les commissions.

Le Comte. – Quoi donc ?

Bazile. – Homme à talent sur l'orgue du village, je montre le clavecin à Madame, à chanter à ses femmes, la mandoline aux pages ; et mon emploi surtout est d'amuser

3. Les magistrats.

votre compagnie avec ma guitare, quand il vous plaît de l'ordonner.

GRIPPE-SOLEIL *s'avance.* – J'irai bien, Monsigneu, si cela vous plaira.

LE COMTE. – Quel est ton nom, et ton emploi ?

GRIPPE-SOLEIL. – Je suis Grippe-Soleil, mon bon signeu ; le petit patouriau des chèvres, commandé pour le feu d'artifice. C'est fête aujourd'hui dans le troupiau ; et je sais oùs-ce-qu'est toute l'enragée boutique à procès[1] du pays.

LE COMTE. – Ton zèle me plaît ; vas-y : mais vous, (*à Bazile*) accompagnez Monsieur en jouant de la guitare, et chantant pour l'amuser en chemin. Il est de ma compagnie.

GRIPPE-SOLEIL, *joyeux.* – Oh ! moi, je suis de la... ?

Suzanne l'apaise de la main, en lui montrant la comtesse.

BAZILE, *surpris.* – Que j'accompagne Grippe-Soleil en jouant ?...

LE COMTE. – C'est votre emploi. Partez, ou je vous chasse.

Il sort.

Scène 23

LES ACTEURS PRÉCÉDENTS, *excepté* LE COMTE

BAZILE, *à lui-même.* – Ah ! je n'irai pas lutter contre le pot de fer, moi qui ne suis...

FIGARO. – Qu'une cruche.

1. Désigne de manière péjorative les « marchands » de justice.

BAZILE, *à part.* – Au lieu d'aider à leur mariage, je m'en vais assurer le mien avec Marceline. (*À Figaro :*) Ne conclus rien, crois-moi, que je ne sois de retour.

Il va prendre la guitare sur le fauteuil du fond.

FIGARO *le suit.* – Conclure ! oh ! va, ne crains rien ; quand même tu ne reviendrais jamais… Tu n'as pas l'air en train de[2] chanter ; veux-tu que je commence ?… allons gai, haut, la-mi-la, pour ma fiancée.

Il se met en marche à reculons, danse en chantant la séguedille[3] *suivante. Bazile accompagne, et tout le monde le suit.*

SÉGUEDILLE

Air noté.

Je préfère à richesse,
La sagesse
De ma Suzon ;
Zon, zon, zon,
Zon, zon, zon,
zon, zon, zon,
zon, zon, zon.
Aussi sa gentillesse
Est maîtresse
De ma raison ;
Zon, zon, zon,
Zon, zon, zon,
Zon, zon, zon,
Zon, zon, zon.

Le bruit s'éloigne, on n'entend pas le reste.

2. En état de.
3. Air de chant et de danse espagnol.

Scène 24

SUZANNE, LA COMTESSE

LA COMTESSE, *dans sa bergère.* – Vous voyez, Suzanne, la jolie scène que votre étourdi m'a value avec son billet.

SUZANNE. – Ah ! madame, quand je suis rentrée du cabinet, si vous aviez vu votre visage ! il s'est terni tout à coup ; mais ce n'a été qu'un nuage ; et par degrés vous êtes devenue rouge, rouge, rouge !

LA COMTESSE. – Il a donc sauté par la fenêtre ?

SUZANNE. – Sans hésiter, le charmant enfant ! léger… comme une abeille !

LA COMTESSE. – Ah ! ce fatal jardinier ! Tout cela m'a remuée au point… que je ne pouvais rassembler deux idées.

SUZANNE. – Ah ! madame, au contraire ; et c'est là que j'ai vu combien l'usage du grand monde donne d'aisance aux dames comme il faut, pour mentir sans qu'il y paraisse.

LA COMTESSE. – Crois-tu que le comte en soit la dupe ? et s'il trouvait cet enfant au château !

SUZANNE. – Je vais recommander de le cacher si bien…

LA COMTESSE. – Il faut qu'il parte. Après ce qui vient d'arriver, vous croyez bien que je ne suis pas tentée de l'envoyer au jardin à votre place.

SUZANNE. – Il est certain que je n'irai pas non plus. Voilà donc mon mariage encore une fois…

LA COMTESSE *se lève.* – Attends… Au lieu d'un autre ou de toi, si j'y allais moi-même ?

SUZANNE. – Vous, madame ?

LA COMTESSE. – Il n'y aurait personne d'exposé… Le comte alors ne pourrait nier… Avoir puni sa jalousie et lui prouver son infidélité, cela serait… Allons : le bonheur d'un premier hasard[1] m'enhardit à tenter le second. Fais-lui savoir promptement que tu te rendras au jardin. Mais surtout que personne…

SUZANNE. – Ah ! Figaro.

LA COMTESSE. – Non, non. Il voudrait mettre ici du sien. Mon masque de velours[2] et ma canne ; que j'aille y rêver sur la terrasse.

Suzanne entre dans le cabinet de toilette.

■ Scène 25

LA COMTESSE, *seule.*

Il est assez effronté, mon petit projet ! (*Elle se retourne.*) Ah ! le ruban ! mon joli ruban ! je t'oubliais ! (*Elle le prend sur sa bergère et le roule.*) Tu ne me quitteras plus… tu me rappelleras la scène où ce malheureux enfant… Ah ! monsieur le comte, qu'avez-vous fait ?… Et moi, que fais-je en ce moment ?…

1. L'issue heureuse d'une première aventure risquée.
2. Masque protégeant le visage du soleil.

■ Scène 26

LA COMTESSE, SUZANNE

(La comtesse met furtivement le ruban dans son sein.)

SUZANNE. – Voici la canne et votre loup.

LA COMTESSE. – Souviens-toi que je t'ai défendu d'en dire un mot à Figaro.

SUZANNE, *avec joie.* – Madame, il est charmant votre projet. Je viens d'y réfléchir. Il rapproche tout, termine tout, embrasse[1] tout ; et, quelque chose qui arrive, mon mariage est maintenant certain.

Elle baise la main de sa maîtresse. Elles sortent.

Pendant l'entracte, des valets arrangent la salle d'audience : on apporte les deux banquettes à dossier des avocats, que l'on place aux deux côtés du théâtre, de façon que le passage soit libre par-derrière. On pose une estrade à deux marches dans le milieu du théâtre, vers le fond, sur laquelle on place le fauteuil du comte. On met la table du greffier et son tabouret de côté sur le devant, et des sièges pour Brid'oison et d'autres juges, des deux côtés de l'estrade du comte.

1. Renferme tout.

Le théâtre représente une salle du château, appelée salle du trône et servant de salle d'audience, ayant sur le côté une impériale en dais[1] et, dessous, le portrait du roi.

Scène 1

LE COMTE, PÉDRILLE, *en veste et botté, tenant un paquet cacheté.*

LE COMTE, *vite.* – M'as-tu bien entendu ?

PÉDRILLE. – Excellence, oui.

Il sort.

Scène 2

LE COMTE *seul, criant.*

Pédrille ?

Scène 3

LE COMTE, PÉDRILLE *revient.*

PÉDRILLE. – Excellence ?

LE COMTE. – On ne t'a pas vu ?

PÉDRILLE. – Âme qui vive[2].

1. Étoffe déployée au-dessus du trône du Comte, qui rend ici la justice au nom du roi.
2. Personne.

LE COMTE. – Prenez le cheval barbe[1].

PÉDRILLE. – Il est à la grille du potager, tout sellé.

LE COMTE. – Ferme, d'un trait, jusqu'à Séville.

PÉDRILLE. – Il n'y a que trois lieues[2], elles sont bonnes[3].

LE COMTE. – En descendant, sachez si le page est arrivé.

PÉDRILLE. – Dans l'hôtel[4] ?

LE COMTE. – Oui ; surtout depuis quel temps.

PÉDRILLE. – J'entends.

LE COMTE. – Remets-lui son brevet et reviens vite.

PÉDRILLE. – Et s'il n'y était pas ?

LE COMTE. – Revenez plus vite et m'en rendez compte. Allez.

Scène 4

LE COMTE *seul, marche en rêvant.*

J'ai fait une gaucherie en éloignant Bazile !... la colère n'est bonne à rien. Ce billet remis par lui, qui m'avertit d'une entreprise sur la comtesse ; la camariste enfermée quand j'arrive ; la maîtresse affectée d'une terreur fausse ou vraie ; un homme qui saute par la fenêtre, et l'autre après qui avoue... ou qui prétend que c'est lui... Le fil m'échappe. Il y a là-dedans une obscurité... Des libertés chez mes vassaux, qu'importe à gens de cette étoffe[5] ?

1. Cheval de Barbarie, ancien nom des pays « berbères » de l'Afrique du Nord.
2. Ancienne mesure de distance (une lieue = 4 km environ).
3. Faciles à parcourir.
4. Hôtel particulier du Comte.
5. De cette sorte, de cette condition.

Mais la comtesse ! si quelque insolent attentait... où m'égaré-je ? En vérité quand la tête se monte, l'imagination la mieux réglée devient folle comme un rêve ! Elle s'amusait ; ces ris[6] étouffés, cette joie mal éteinte ! Elle se respecte, et mon honneur... où diable on l'a placé ! De l'autre part où suis-je ? cette friponne de Suzanne a-t-elle trahi mon secret ?... Comme il n'est pas encore le sien... Qui[7] donc m'enchaîne à cette fantaisie[8] ? j'ai voulu vingt fois y renoncer... Étrange effet de l'irrésolution ! si je la voulais sans débat, je la désirerais mille fois moins. Ce Figaro se fait bien attendre ! il faut le sonder adroitement, (*Figaro paraît dans le fond ; il s'arrête*) et tâcher, dans la conversation que je vais avoir avec lui, de démêler d'une manière détournée s'il est instruit ou non de mon amour pour Suzanne.

Scène 5

LE COMTE, FIGARO

FIGARO, *à part.* – Nous y voilà.

LE COMTE. – ... S'il en sait par elle un seul mot...

FIGARO, *à part.* – Je m'en suis douté.

LE COMTE. – ... je lui fais épouser la vieille.

FIGARO, *à part.* – Les amours de M. Bazile.

LE COMTE. – ... Et voyons ce que nous ferons de la jeune.

FIGARO, *à part.* – Ah ! ma femme, s'il vous plaît.

6. Rires.
7. Qu'est-ce qui.
8. Caprice.

LE COMTE SE RETOURNE.– Hein ? quoi ? qu'est-ce que c'est ?

FIGARO S'AVANCE. – Moi, qui me rends à vos ordres.

LE COMTE. – Et pourquoi ces mots ?

FIGARO. – Je n'ai rien dit.

LE COMTE RÉPÈTE. – « Ma femme, s'il vous plaît » ?

FIGARO. – C'est... la fin d'une réponse que je faisais : « Allez le dire à ma femme, s'il vous plaît. »

LE COMTE *se promène.* – « Sa femme » !... Je voudrais bien savoir quelle affaire peut arrêter Monsieur, quand je le fais appeler ?

FIGARO, *feignant d'assurer son habillement.* – Je m'étais sali sur ces couches en tombant ; je me changeais.

LE COMTE. – Faut-il une heure ?

FIGARO. – Il faut le temps.

LE COMTE. – Les domestiques ici... sont plus longs à s'habiller que les maîtres !

FIGARO. – C'est qu'ils n'ont point de valets pour les y aider.

LE COMTE. – ... Je n'ai pas trop compris ce qui vous avait forcé tantôt de courir un danger inutile, en vous jetant...

FIGARO. – Un danger ! on dirait que je me suis engouffré tout vivant...

LE COMTE. – Essayez de me donner le change en feignant de le prendre[1], insidieux valet ! vous entendez fort bien que ce n'est pas le danger qui m'inquiète, mais le motif.

1. Essayez donc de me tromper en feignant de l'être vous-même.

FIGARO. – Sur un faux avis, vous arrivez furieux, renversant tout, comme le torrent de la Morena[2] ; vous cherchez un homme ; il vous le faut, ou vous allez briser les portes, enfoncer les cloisons ! je me trouve là par hasard ; qui sait dans votre emportement si…

LE COMTE, *interrompant.* – Vous pouviez fuir par l'escalier.

FIGARO. – Et vous, me prendre au corridor.

LE COMTE, *en colère.* – Au corridor ! (*À part.*) Je m'emporte, et nuis à ce que je veux savoir.

FIGARO, *à part.* – Voyons-le venir, et jouons serré.

LE COMTE, *radouci.* – Ce n'est pas ce que je voulais dire, laissons cela. J'avais… oui, j'avais quelque envie de t'emmener à Londres, courrier de dépêches… mais toutes réflexions faites…

FIGARO. – Monseigneur a changé d'avis ?

LE COMTE. – Premièrement, tu ne sais pas l'anglais.

FIGARO. – Je sais *God-dam*[3].

LE COMTE. – Je n'entends pas.

FIGARO. – Je dis que je sais *God-dam.*

LE COMTE. – Eh bien ?

FIGARO. – Diable ! c'est une belle langue que l'anglais ; il en faut peu pour aller loin. Avec *God-dam* en Angleterre, on ne manque de rien nulle part. Voulez-vous tâter d'un bon poulet gras ? entrez dans une taverne, et faites seulement ce geste au garçon. (*Il tourne la broche.*) *God-dam* ! on vous

2. Chaîne de montagnes espagnole.
3. Juron anglais, abréviation de *God damn me* (« Que Dieu me damne »).

Le langage de Figaro

La tirade de « God-dam » se trouve à l'origine dans une version manuscrite du *Barbier de Séville* (acte I, sc. 2). Beaumarchais la reprend ici pour illustrer la verve de Figaro, dans une digression de pitre qui rappelle aussi les *lazzi* (les plaisanteries) de la *commedia dell'arte*. ■

apporte un pied de bœuf salé sans pain. C'est admirable ! Aimez-vous à boire un coup d'excellent bourgogne ou de clairet[1] ? rien que celui-ci. (*Il débouche une bouteille.*) *God-dam* ! on vous sert un pot de bière, en bel étain, la mousse aux bords. Quelle satisfaction ! Rencontrez-vous une de ces jolies personnes qui vont trottant menu[2], les yeux baissés, coudes en arrière, et tortillant un peu des hanches ? mettez mignardement[3] tous les doigts unis sur la bouche. Ah ! *God-dam* ! elle vous sangle[4] un soufflet de crocheteur[5]. Preuve qu'elle entend. Les Anglais, à la vérité, ajoutent par-ci, par-là quelques autres mots en conversant ; mais il est bien aisé de voir que *God-dam* est le fond de la langue ; et si Monseigneur n'a pas d'autre motif de me laisser en Espagne…

LE COMTE, *à part.* – Il veut venir à Londres ; elle n'a pas parlé.

FIGARO, *à part.* – Il croit que je ne sais rien ; travaillons-le un peu dans son genre.

LE COMTE. – Quel motif avait la comtesse pour me jouer un pareil tour ?

FIGARO. – Ma foi, monseigneur, vous le savez mieux que moi.

LE COMTE. – Je la préviens[6] sur tout et la comble de présents.

FIGARO. – Vous lui donnez, mais vous êtes infidèle. Sait-on gré du superflu à qui nous prive du nécessaire ?

LE COMTE. – … Autrefois tu me disais tout.

1. Vin de Bordeaux.
2. À petits pas.
3. Délicatement.
4. Frappe comme avec une sangle.
5. Porteur.
6. J'anticipe.

FIGARO. – Et maintenant je ne vous cache rien.

LE COMTE. – Combien la comtesse t'a-t-elle donné pour cette belle association ?

FIGARO. – Combien me donnâtes-vous pour la tirer des mains du docteur ? Tenez, monseigneur, n'humilions pas l'homme qui nous sert bien, crainte d'en faire un mauvais valet.

LE COMTE. – Pourquoi faut-il qu'il y ait toujours du louche en ce que tu fais ?

FIGARO. – C'est qu'on en voit partout quand on cherche des torts.

LE COMTE. – Une réputation détestable !

FIGARO. – Et si je vaux mieux qu'elle ? y a-t-il beaucoup de seigneurs qui puissent en dire autant ?

LE COMTE. – Cent fois je t'ai vu marcher à la fortune[7], et jamais aller droit.

FIGARO. – Comment voulez-vous ? la foule est là : chacun veut courir, on se presse, on pousse, on coudoie, on renverse, arrive qui peut ; le reste est écrasé. Aussi c'est fait ; pour moi, j'y renonce.

LE COMTE. – À la fortune ? (*À part.*) Voici du neuf.

FIGARO. – (*À part.*) À mon tour maintenant. (*Haut.*) Votre Excellence m'a gratifié de la conciergerie du château ; c'est un fort joli sort ; à la vérité je ne serai pas le courrier étrenné des nouvelles intéressantes[8] ; mais en revanche, heureux avec ma femme au fond de l'Andalousie…

7. Mener ta vie au hasard.
8. Qui connaît le premier les nouvelles.

Le Comte. – Qui t'empêcherait de l'emmener à Londres ?

Figaro. – Il faudrait la quitter si souvent que j'aurais bientôt du mariage par-dessus la tête.

Le Comte. – Avec du caractère et de l'esprit, tu pourrais un jour t'avancer dans les bureaux.

Figaro. – De l'esprit pour s'avancer ? Monseigneur se rit du mien. Médiocre et rampant ; et l'on arrive à tout.

Le Comte. – … Il ne faudrait qu'étudier un peu sous moi la politique.

Figaro. – Je la sais.

Le Comte. – Comme l'anglais, le fond de la langue !

Figaro. – Oui, s'il y avait de quoi se vanter. Mais feindre d'ignorer ce qu'on sait, de savoir tout ce qu'on ignore, d'entendre ce qu'on ne comprend pas, de ne point ouïr ce qu'on entend[1], surtout de pouvoir au-delà de ses forces ; avoir souvent pour grand secret de cacher qu'il n'y en a point ; s'enfermer pour tailler des plumes et paraître profond, quand on n'est, comme on dit, que vide et creux ; jouer bien ou mal un personnage ; répandre des espions et pensionner des traîtres ; amollir des cachets[2] ; intercepter des lettres ; et tâcher d'ennoblir la pauvreté des moyens par l'importance des objets : voilà toute la politique, ou je meure[3] !

Le Comte. – Eh ! c'est l'intrigue que tu définis !

Figaro. – La politique, l'intrigue, volontiers ; mais comme je les crois un peu germaines[4], en fasse qui voudra. « J'aime mieux ma mie, ô gué ! »[5] comme dit la chanson du bon roi.

1. Jeu de mots sur le double sens du verbe *entendre*, qui signifie aussi « comprendre ».
2. Ramollir les cachets de cire, pour ouvrir et lire secrètement les lettres.
3. Ou que je meure si cela n'est pas vrai.
4. Sœurs ou cousines germaines, c'est-à-dire ressemblantes.
5. Allusion à la « chanson du bon roi » (Henri IV) évoquée dans la comédie de Molière, *Le Misanthrope* (1666, acte I, sc. 2).

LE COMTE, *à part.* – Il veut rester. J'entends… Suzanne m'a trahi.

FIGARO, *à part.* – Je l'enfile[6] et le paye en sa monnaie.

LE COMTE. – Ainsi tu espères gagner ton procès contre Marceline ?

FIGARO. – Me feriez-vous un crime de refuser une vieille fille, quand Votre Excellence se permet de nous souffler toutes les jeunes ?

LE COMTE, *raillant.* – Au tribunal, le magistrat s'oublie, et ne voit plus que l'ordonnance[7].

FIGARO. – Indulgente aux grands, dure aux petits…

LE COMTE. – Crois-tu donc que je plaisante ?

FIGARO. – Eh ! qui le sait, Monseigneur ? *Tempo è galant'uomo*[8], dit l'italien ; il dit toujours la vérité : c'est lui qui m'apprendra qui me veut du mal ou du bien.

LE COMTE, *à part.* – Je vois qu'on lui a tout dit ; il épousera la duègne.

FIGARO, *à part.* – Il a joué au fin[9] avec moi ; qu'a-t-il appris ?

Scène 6

LE COMTE, UN LAQUAIS, FIGARO

LE LAQUAIS, *annonçant.* – Don Gusman Brid'oison.

LE COMTE. – Brid'oison ?

6. Trompe (mot emprunté au jeu de trictrac, signifiant qu'on met l'adversaire dans l'impossibilité de jouer).
7. La loi.
8. « Le temps est galant homme », proverbe italien dont Figaro explicite ensuite le sens.
9. Il a joué au plus fin.

De Goëzman à Gusman

Le nom de don Gusman est une déformation évidente de celui du conseiller Goëzman (voir Contextes, p. 4) avec qui Beaumarchais règle ses comptes dans la scène du procès (acte III, sc. 12 à 16).
Le nom Gusman à consonance espagnole jure grotesquement avec celui de *Brid'oison*, rappelant un personnage du *Tiers Livre* (1546) de Rabelais, le juge Bridoye qui rend la justice à coups de dés. ■

FIGARO. – Eh ! sans doute. C'est le juge ordinaire ; le lieutenant du siège ; votre prud'homme[1].

LE COMTE. – Qu'il attende.

Le laquais sort.

■ Scène 7

LE COMTE, FIGARO

FIGARO *reste un moment à regarder le comte qui rêve*[2]. – … Est-ce là ce que Monseigneur voulait ?

LE COMTE, *revenant à lui.* – Moi ?… Je disais d'arranger ce salon pour l'audience publique.

FIGARO. – Hé, qu'est-ce qu'il manque ? le grand fauteuil pour vous, de bonnes chaises aux prud'hommes, le tabouret du greffier, deux banquettes aux avocats, le plancher pour le beau monde, et la canaille[3] derrière. Je vais renvoyer les frotteurs[4].

Il sort.

■ Scène 8

LE COMTE, *seul.*

Le maraud m'embarrassait ! en disputant, il prend son avantage, il vous serre, vous enveloppe… Ah ! friponne et fripon ! vous vous entendez pour me jouer ! Soyez amis,

1. Conseiller juridique.
2. Réfléchit.
3. Désignation péjorative du peuple.
4. Les valets qui frottent le parquet.

soyez amants, soyez ce qu'il vous plaira, j'y consens ; mais, parbleu, pour époux…

Scène 9

SUZANNE, LE COMTE

SUZANNE, *essoufflée.* – Monseigneur… pardon, Monseigneur.

LE COMTE, *avec humeur.* – Qu'est-ce qu'il y a, mademoiselle ?

SUZANNE. – Vous êtes en colère !

LE COMTE. – Vous voulez quelque chose apparemment ?

SUZANNE, *timidement.* – C'est que ma maîtresse a ses vapeurs. J'accourais vous prier de nous prêter votre flacon d'éther. Je l'aurais rapporté dans l'instant.

LE COMTE *le lui donne.* – Non, non, gardez-le pour vous-même. Il ne tardera pas à vous être utile.

SUZANNE. – Est-ce que les femmes de mon état ont des vapeurs[5], donc ? c'est un mal de condition[6] qu'on ne prend que dans les boudoirs[7].

LE COMTE. – Une fiancée bien éprise, et qui perd son futur…

SUZANNE. – En payant Marceline avec la dot que vous m'avez promise…

5. Troubles et malaises, qu'on attribuait aux femmes mélancoliques ou délaissées.
6. Réservé aux femmes « de condition », de la haute société.
7. Petits salons élégants des dames.

LE COMTE. – Que je vous ai promise, moi ?

SUZANNE *baissant les yeux.* – Monseigneur, j'avais cru l'entendre.

LE COMTE. – Oui, si vous consentiez à m'entendre vous-même.

SUZANNE, *les yeux baissés.* – Et n'est-ce pas mon devoir d'écouter Son Excellence ?

LE COMTE. – Pourquoi donc, cruelle fille ! ne me l'avoir pas dit plus tôt ?

SUZANNE. – Est-il jamais trop tard pour dire la vérité ?

LE COMTE. – Tu te rendrais sur la brune au jardin ?

SUZANNE. – Est-ce que je ne m'y promène pas tous les soirs ?

LE COMTE. – Tu m'as traité ce matin si durement !

SUZANNE. – Ce matin ? et le page derrière le fauteuil ?

LE COMTE. – Elle a raison, je l'oubliais. Mais pourquoi ce refus obstiné, quand Bazile, de ma part ?...

SUZANNE. – Quelle nécessité qu'un Bazile ?...

LE COMTE. – Elle a toujours raison. Cependant il y a un certain Figaro à qui je crains bien que vous n'ayez tout dit !

SUZANNE. – Dame ! oui, je lui dis tout – hors ce qu'il faut lui taire.

Le Comte, *en riant.* – Ah ! charmante ! Et, tu me le promets ? Si tu manquais à ta parole, entendons-nous, mon cœur : point de rendez-vous, point de dot, point de mariage.

Suzanne, *faisant la révérence.* – Mais aussi, point de mariage, point de droit du seigneur, Monseigneur.

Le Comte. – Où prend-elle ce qu'elle dit ? d'honneur j'en raffolerai ! Mais ta maîtresse attend le flacon…

Suzanne, *riant et rendant le flacon.* – Aurais-je pu vous parler sans un prétexte ?

Le Comte *veut l'embrasser.* – Délicieuse créature !

Suzanne *s'échappe.* – Voilà du monde.

Le Comte, *à part.* – Elle est à moi.

Il s'enfuit.

Suzanne. – Allons vite rendre compte à Madame.

Scène 10

Suzanne, Figaro

Figaro. – Suzanne, Suzanne ! où cours-tu donc si vite en quittant Monseigneur ?

Suzanne. – Plaide à présent, si tu le veux ; tu viens de gagner ton procès.

Elle s'enfuit.

Figaro *la suit.* – Ah ! mais, dis donc…

Scène 11

LE COMTE *rentre seul.*

« Tu viens de gagner ton procès ! » Je donnais là dans un bon piège ! Ô mes chers insolents ! je vous punirai de façon… Un bon arrêt, bien juste… mais s'il allait payer la duègne… avec quoi ?… s'il payait… Eeeeh ! n'ai-je pas le fier Antonio, dont le noble orgueil dédaigne en Figaro un inconnu[1] pour sa nièce ? En caressant cette manie… pourquoi non ? dans le vaste champ de l'intrigue, il faut savoir tout cultiver, jusqu'à la vanité d'un sot. (*Il appelle.*) Anto…

Il voit entrer Marceline, etc. Il sort.

Scène 12

BARTHOLO, MARCELINE, BRID'OISON

MARCELINE, *à Brid'oison.* – Monsieur, écoutez mon affaire.

BRID'OISON, *en robe, et bégayant un peu.* – Eh bien ! pa-arlons-en verbalement[2].

FANCHETTE. – C'est une promesse de mariage.

MARCELINE. – Accompagnée d'un prêt d'argent.

BRID'OISON. – J'en-entends, *et caetera*, le reste.

MARCELINE. – Non, monsieur, point d'*et caetera*.

1. Né de parents inconnus.
2. Sans se rapporter aux documents écrits : l'adverbe, propre au langage juridique, forme toutefois ici un pléonasme avec *parler*, signe de la maladresse de Brid'oison.

BRID'OISON. – J'en-entends : vous avez la somme ?

MARCELINE. – Non, monsieur, c'est moi qui l'ai prêtée.

BRID'OISON. – J'en-entends bien : vou-ous redemandez l'argent ?

MARCELINE. – Non, monsieur ; je demande qu'il m'épouse.

BRID'OISON. – Eh, mais, j'en-entends fort bien ; et lui, veu-eut-il vous épouser ?

MARCELINE. – Non, monsieur ; voilà tout le procès !

BRID'OISON. – Croyez-vous que je ne l'en-entende pas, le procès ?

MARCELINE. – Non, monsieur. (*À Bartholo*) Où sommes-nous ? (*À Brid'oison*) Quoi ! c'est vous qui nous jugerez ?

BRID'OISON. – Est-ce que j'ai a-acheté ma charge pour autre chose ?

MARCELINE, *en soupirant.* – C'est un grand abus que de les vendre !

BRID'OISON. – Oui, l'on-on ferait mieux de nous les donner pour rien. Contre qui plai-aidez-vous ?

■ Scène 13

BARTHOLO, MARCELINE, BRID'OISON ;
FIGARO *rentre en se frottant les mains.*

MARCELINE, *montrant Figaro.* – Monsieur, contre ce malhonnête homme.

FIGARO, *très gaiement, à Marceline.* – Je vous gêne, peut-être. Monseigneur revient dans l'instant, monsieur le conseiller.

BRID'OISON. – J'ai vu ce ga-arçon-là quelque part ?

FIGARO. – Chez madame votre femme, à Séville, pour la servir, monsieur le conseiller.

BRID'OISON. – Dan-ans quel temps ?

FIGARO. – Un peu moins d'un an avant la naissance de monsieur votre fils, le cadet, qui est un bien joli enfant, je m'en vante.

BRID'OISON. – Oui, c'est le plus jo-oli de tous. On dit que tu-u fais ici des tiennes ?

FIGARO. – Monsieur est bien bon. Ce n'est là qu'une misère.

BRID'OISON. – Une promesse de mariage ! A-ah ! le pauvre benêt !

FIGARO. – Monsieur…

BRID'OISON. – A-t-il vu mon-on secrétaire, ce bon garçon ?

FIGARO. – N'est-ce pas Double-Main, le greffier ?

BRID'OISON. – Oui, c'est qu'il mange à deux râteliers.

FIGARO. – Manger ! je suis garant qu'il dévore. Oh ! que oui, je l'ai vu, pour l'extrait[1] et pour le supplément d'extrait ; comme cela se pratique, au reste.

BRID'OISON. – On-on doit remplir les formes[2].

FIGARO. – Assurément, monsieur : si le fond des procès appartient aux plaideurs, on sait bien que la forme est le patrimoine des tribunaux.

BRID'OISON. – Ce garçon-là n'è-est pas si niais que je l'avais cru d'abord. Eh bien, l'ami, puisque tu en sais tant, nou-ous aurons soin de ton affaire.

FIGARO. – Monsieur, je m'en rapporte à votre équité[3], quoique vous soyez de notre justice.

BRID'OISON. – Hein ?... Oui, je suis de la-a justice. Mais si tu dois et que tu-u ne payes pas ?...

FIGARO. – Alors Monsieur voit bien que c'est comme si je ne devais pas.

BRID'OISON. – San-ans doute. Hé mais ! qu'est-ce donc qu'il dit ?

1. Copie d'un acte juridique.
2. Formalités et procédures juridiques.
3. Sens de la justice.

Scène 14

BARTHOLO, MARCELINE, LE COMTE, BRID'OISON, FIGARO, UN HUISSIER

L'HUISSIER, *précédant le comte, crie.* – Monseigneur, messieurs.

LE COMTE. – En robe ici, seigneur Brid'oison ! ce n'est qu'une affaire domestique[1]. L'habit de ville était trop bon.

BRID'OISON. – C'è-est vous qui l'êtes, Monsieur le comte. Mais je ne vais jamais san-ans elle ; parce que la forme, voyez-vous, la forme ! Tel rit d'un juge en habit court, qui-i tremble au seul aspect d'un procureur en robe. La forme, la-a forme !

LE COMTE, *à l'huissier.* – Faites entrer l'audience[2].

L'HUISSIER *va ouvrir en glapissant.* – L'audience !

1. Privée.
2. La cour, les plaignants.

Scène 15

LES ACTEURS PRÉCÉDENTS, ANTONIO,
LES VALETS DU CHÂTEAU, LES PAYSANS ET PAYSANNES
en habits de fête ; LE COMTE *s'assied sur le grand fauteuil,*
BRID'OISON *sur une chaise à côté ;*
LE GREFFIER *sur le tabouret derrière sa table ;*
LES JUGES, LES AVOCATS *sur les banquettes ;* MARCELINE
à côté de BARTHOLO ; FIGARO *sur l'autre banquette ;*
LES PAYSANS ET VALETS *debout derrière.*

BRID'OISON, *à Double-Main.* – Double-Main, a-appelez les causes[3].

DOUBLE-MAIN *lit un papier.* – Noble, très noble, infiniment noble, *Dom Pedro George, Hidalgo*[4], *baron de Los Altos, y Montes Fieros, y otros montes* ; contre *Alonzo Calderon*, jeune auteur dramatique. Il est question d'une comédie mort-née, que chacun désavoue et rejette sur l'autre.

LE COMTE. – Ils ont raison tous deux. Hors de Cour[5]. S'ils font ensemble un autre ouvrage, pour qu'il marque un peu dans le grand monde, ordonné que le noble y mettra son nom, le poète son talent.

DOUBLE-MAIN *lit un autre papier.* – *André Petrutchio*, laboureur ; contre le receveur de la province. Il s'agit d'un forcement arbitraire[6].

LE COMTE. – L'affaire n'est pas de mon ressort. Je servirai mieux mes vassaux en les protégeant près du Roi. Passez.

3. Présentez les affaires, les litiges.
4. Noble espagnol.
5. Signifie que la demande des plaignants est rejetée.
6. Augmentation injustifiée des impôts.

DOUBLE-MAIN *en prend un troisième (Bartholo et Figaro se lèvent).* – *Barbe – Agar – Raab – Madeleine – Nicole – Marceline de Verte-Allure,* fille majeure (*Marceline se lève et salue*) ; contre *Figaro*… nom de baptême en blanc ?

FIGARO. – Anonyme.

BRID'OISON. – A-anonyme ! Què-el patron[1] est-ce là ?

FIGARO. – C'est le mien.

DOUBLE-MAIN *écrit.* – Contre anonyme Figaro. Qualités ?

FIGARO. – Gentilhomme.

LE COMTE. – Vous êtes gentilhomme ? (*Le greffier écrit.*)

FIGARO. – Si le ciel l'eût voulu, je serais fils d'un prince.

LE COMTE, *au greffier.* – Allez.

L'HUISSIER, *glapissant.* – Silence, messieurs.

DOUBLE-MAIN *lit.* – … Pour cause d'opposition faite au mariage dudit *Figaro* par ladite de *Verte-Allure*. Le docteur *Bartholo* plaidant pour la demanderesse, et ledit *Figaro* pour lui-même ; si la Cour le permet, contre le vœu de l'usage et la jurisprudence[2] du siège.

FIGARO. – L'usage, maître Double-Main, est souvent un abus ; le client un peu instruit sait toujours mieux sa cause que certains avocats qui, suant à froid, criant à tue-tête, et connaissant tout, hors le fait, s'embarrassent aussi peu de ruiner le plaideur que d'ennuyer l'auditoire, et d'endormir Messieurs ; plus boursouflés après que s'ils eussent composé l'*Oratio pro Murena*[3] ; moi je dirai le fait en peu de mots. Messieurs…

1. Saint dont on porte le prénom.
2. Contre ce que veulent l'usage et la coutume du tribunal.
3. Célèbre plaidoyer de Cicéron (Ier siècle av. J.-C.) homme politique romain.

DOUBLE-MAIN. – En voilà beaucoup d'inutiles, car vous n'êtes pas demandeur et n'avez que la défense. Avancez, docteur, et lisez la promesse.

FIGARO. – Oui, promesse !

BARTHOLO, *mettant ses lunettes.* – Elle est précise.

BRID'OISON. – I-il faut la voir.

DOUBLE-MAIN. – Silence donc, messieurs.

L'HUISSIER, *glapissant.* – Silence.

BARTHOLO *lit.* – « Je soussigné reconnais avoir reçu de damoiselle, etc., Marceline de Verte-Allure, dans le château d'Aguas-Frescas, la somme de deux mille piastres fortes cordonnées[4] ; laquelle somme je lui rendrai à sa réquisition, dans ce château, et je l'épouserai, par forme de reconnaissance, etc. » Signé *Figaro*, tout court. Mes conclusions sont au payement[5] du billet, et à l'exécution de la promesse, avec dépens[6]. (*Il plaide.*) Messieurs… jamais cause plus intéressante ne fut soumise au jugement de la Cour ! et depuis Alexandre le Grand, qui promit mariage à la belle Thalestris[7]…

LE COMTE, *interrompant.* – Avant d'aller plus loin, avocat… convient-on de la validité du titre ?

BRID'OISON, *à Figaro.* – Qu'oppo… qu'oppo-osez-vous à cette lecture ?

FIGARO. – Qu'il y a, messieurs, malice, erreur, ou distraction dans la manière dont on a lu la pièce ; car il n'est pas dit dans l'écrit : « laquelle somme je lui rendrai, *et* je

4. Pièces de monnaie espagnoles, entourées d'un cordon.
5. Je demande le paiement.
6. Figaro devrait en plus payer les frais du procès.
7. Reine des Amazones qui, selon la légende, aurait demandé à Alexandre le Grand de lui faire un enfant.

l'épouserai » ; mais : « laquelle somme je lui rendrai *ou* je l'épouserai » ; ce qui est bien différent.

LE COMTE. – Y a-t-il et dans l'acte, ou bien *ou* ?

BARTHOLO. – Il y a *et*.

FIGARO. – Il y a *ou*.

BRID'OISON. – Dou-ouble-Main, lisez vous-même.

DOUBLE-MAIN, *prenant le papier.* – Et c'est le plus sûr ; car souvent les parties déguisent en lisant. (*Il lit.*) « E. e. e. damoiselle e. e. e. de Verte-Allure e. e. e. Ah ! laquelle somme je lui rendrai à sa réquisition, dans ce château… *et… ou… et… ou…* » Le mot est si mal écrit… il y a un pâté.

BRID'OISON. – Un pâ-âté ? je sais ce que c'est.

BARTHOLO, *plaidant.* – Je soutiens, moi, que c'est la conjonction copulative *et* qui lie les membres corrélatifs de la phrase ; je payerai la demoiselle et je l'épouserai.

FIGARO, *plaidant.* – Je soutiens, moi, que c'est la conjonction alternative ou, qui sépare lesdits membres ; je payerai la donzelle ou je l'épouserai : à pédant, pédant et demi ; qu'il s'avise de parler latin, j'y suis grec[1] ; je l'extermine.

LE COMTE. – Comment juger pareille question ?

BARTHOLO. – Pour la trancher, messieurs, et ne plus chicaner sur un mot, nous passons qu'il y ait ou.

FIGARO. – J'en demande acte.

BARTHOLO. – Et nous y adhérons. Un si mauvais refuge ne sauvera pas le coupable : examinons le titre en ce sens.

1. J'y suis très habile.

(*Il lit.*) « Laquelle somme je lui rendrai dans ce château où je l'épouserai. » C'est ainsi qu'on dirait, messieurs : « vous vous ferez saigner dans ce lit *où* vous resterez chaudement » ; c'est « dans lequel ». « Il prendra deux gros[2] de rhubarbe *où* vous mêlerez un peu de tamarin » ; dans lesquels on mêlera… Ainsi « château *où* je l'épouserai », messieurs, c'est « château dans lequel »…

FIGARO. – Point du tout : la phrase est dans le sens de celle-ci : « *ou* la maladie vous tuera, ou ce sera le médecin ; *ou bien* le médecin » ; c'est incontestable. Autre exemple : « *ou* vous n'écrirez rien qui plaise, ou les sots vous dénigreront ; *ou bien* les sots » ; le sens est clair ; car, audit cas, « *sots* ou *méchants* » sont le substantif qui gouverne. Maître Bartholo croit-il donc que j'aie oublié ma syntaxe ? Ainsi, je la payerai dans ce château, *virgule* ou je l'épouserai…

BARTHOLO, *vite*. – Sans virgule.

FIGARO, *vite*. – Elle y est. C'est *virgule*, messieurs, ou bien je l'épouserai.

BARTHOLO, *regardant le papier ; vite*. – Sans virgule, messieurs.

FIGARO, *vite*. – Elle y était, messieurs. D'ailleurs, l'homme qui épouse est-il tenu de rembourser ?

BARTHOLO, *vite*. – Oui ; nous nous marions séparés de biens.

FIGARO, *vite*. – Et nous de corps, dès que[3] mariage n'est pas quittance[4].

Les juges se lèvent et opinent tout bas.

2. Poids équivalant à trois grammes environ.
3. Dès lors que.
4. Le mariage ne supprime pas la dette.

BARTHOLO. – Plaisant acquittement !

DOUBLE-MAIN. – Silence, messieurs.

L'HUISSIER, *glapissant*. – Silence.

BARTHOLO. – Un pareil fripon appelle cela payer ses dettes !

FIGARO. – Est-ce votre cause, avocat, que vous plaidez ?

BARTHOLO. – Je défends cette demoiselle.

FIGARO. – Continuez à déraisonner ; mais cessez d'injurier. Lorsque, craignant l'emportement des plaideurs, les tribunaux ont toléré qu'on appelât des tiers[1], ils n'ont pas entendu que ces défenseurs modérés deviendraient impunément des insolents privilégiés. C'est dégrader le plus noble institut.

Les juges continuent d'opiner bas.

ANTONIO, *à Marceline, montrant les juges*. – Qu'ont-ils tant à balbucifier[2] ?

MARCELINE. – On a corrompu le grand juge, il corrompt l'autre, et je perds mon procès.

BARTHOLO, *bas, d'un ton sombre*. – J'en ai peur.

FIGARO, *gaiement*. – Courage, Marceline !

DOUBLE-MAIN *se lève ; à Marceline*. – Ah, c'est trop fort ! je vous dénonce[3] ; et pour l'honneur du tribunal, je demande qu'avant faire droit[4] sur l'autre affaire, il soit prononcé sur celle-ci.

LE COMTE *s'assied*. – Non, greffier, je ne prononcerai point sur mon injure personnelle[5] : un juge espagnol

1. Les avocats.
2. Déformation grotesque de *balbutier*.
3. Je requiers contre vous une procédure pour outrage à magistrat.
4. Avant de rendre le jugement.
5. Sur l'injure qui m'est faite.

n'aura point à rougir d'un excès digne au plus des tribunaux asiatiques[6] : c'est assez des autres abus ! J'en vais corriger un second en vous motivant mon arrêt : tout juge qui s'y refuse est un grand ennemi des lois ! Que peut requérir la demanderesse ? mariage à défaut de paiement ; les deux ensemble impliqueraient[7].

DOUBLE-MAIN. – Silence, messieurs !

L'HUISSIER, *glapissant.* – Silence !

LE COMTE. – Que nous répond le défendeur ? qu'il veut garder sa personne ; à lui permis.

FIGARO, *avec joie.* – J'ai gagné.

LE COMTE. – Mais comme le texte dit : « laquelle somme je payerai à la première réquisition, ou bien j'épouserai, etc. », la Cour condamne le défendeur à payer deux mille piastres fortes à la demanderesse, ou bien à l'épouser dans le jour.

Il se lève.

FIGARO, *stupéfait.* – J'ai perdu.

ANTONIO, *avec joie.* – Superbe arrêt !

FIGARO. – En quoi superbe ?

ANTONIO. – En ce que tu n'es plus mon neveu[8]. Grand merci, Monseigneur.

L'HUISSIER, *glapissant.* – Passez, messieurs.

Le peuple sort.

ANTONIO. – Je m'en vas tout conter à ma nièce.

Il sort.

6. Réputés despotiques à l'époque.
7. Seraient en contradiction.
8. Le mari de ma nièce.

Scène 16

LE COMTE, *allant de côté et d'autre ;* MARCELINE, BARTHOLO, FIGARO, BRID'OISON

MARCELINE *s'assied.* – Ah ! je respire.

FIGARO. – Et moi, j'étouffe.

LE COMTE, *à part.* – Au moins je suis vengé, cela soulage.

FIGARO, *à part.* – Et ce Bazile qui devait s'opposer[1] au mariage de Marceline ; voyez comme il revient ! (*Au Comte qui sort.*) Monseigneur, vous nous quittez ?

LE COMTE. – Tout est jugé.

FIGARO, *à Brid'oison.* – C'est ce gros enflé de conseiller…

BRID'OISON. – Moi, gros-os enflé !

FIGARO. – Sans doute. Et je ne l'épouserai pas : je suis gentilhomme une fois[2].

Le comte s'arrête.

BARTHOLO. – Vous l'épouserez.

FIGARO. – Sans l'aveu[3] de mes nobles parents ?

BARTHOLO. – Nommez-les, montrez-les.

FIGARO. – Qu'on me donne un peu de temps : je suis bien près de les revoir ; il y a quinze ans que je les cherche.

BARTHOLO. – Le fat ! c'est quelque enfant trouvé !

FIGARO. – Enfant perdu, docteur ; ou plutôt enfant volé.

1. Faire opposition devant le tribunal.
2. Une fois pour toutes.
3. Consentement.

Comment et pourquoi mettre en scène un témoin caché ?

Analyse d'images ▶ p. 248

Les Noces de Figaro

Mozart, mise en scène de Giorgio Strehler, avec G. Finley (Figaro) et P. Ciofi (Suzanne), Opéra national de Paris, 2003.

Le Mariage de Figaro

Mise en scène de Ned Grujic, Compagnie « Les Tréteaux de la Pleine Lune », avec Bégoin (Suzanne), É. Chantelauze, F. Morel A l'Huissier (Chérubin), Paris, Théâtre 13, mars 2005.

Le Tartuffe

Mise en scène de Gwenaël Morin, théâtre de la Bastille, 2010, avec Grégoire Monsaingeon, Julian Eggerickx et Barbara Jung.

Suzanne au bain

Théodore Chassériau (1819-185
huile sur bois (2,55 x 1,96 m)
Paris, musée du Louvre.

LE COMTE *revient.* – « Volé, perdu », la preuve ? il crierait qu'on lui fait injure !

FIGARO. – Monseigneur, quand les langes à dentelles, tapis brodés et joyaux d'or trouvés sur moi par les brigands n'indiqueraient pas ma haute naissance, la précaution qu'on avait prise de me faire des marques distinctives témoignerait assez combien j'étais un fils précieux ; et cet hiéroglyphe[4] à mon bras…

Il veut se dépouiller le bras droit.

MARCELINE, *se levant vivement.* – Une spatule[5] à ton bras droit ?

FIGARO. – D'où savez-vous que je dois l'avoir ?

MARCELINE. – Dieux ! c'est lui !

FIGARO. – Oui, c'est moi.

BARTHOLO, *à Marceline.* – Et qui ? lui !

MARCELINE, *vivement.* – C'est Emmanuel.

BARTHOLO, *à Figaro.* – Tu fus enlevé par des bohémiens ?

FIGARO, *exalté.* – Tout près d'un château. Bon docteur, si vous me rendez à ma noble famille, mettez un prix à ce service ; des monceaux d'or n'arrêteront pas mes illustres parents.

BARTHOLO, *montrant Marceline.* – Voilà ta mère.

FIGARO. – … Nourrice ?

BARTHOLO. – Ta propre mère.

4. Caractère de l'écriture égyptienne, signifiant ici « signe indéchiffrable ».
5. Instrument de chirurgien.

LE COMTE. – Sa mère !

FIGARO. – Expliquez-vous.

MARCELINE, *montrant Bartholo.* – Voilà ton père.

FIGARO, *désolé.* – O o oh ! aïe de moi !

MARCELINE. – Est-ce que la nature ne te l'a pas dit mille fois ?

FIGARO. – Jamais.

LE COMTE, *à part.* – Sa mère !

BRID'OISON. – C'est clair, i-il ne l'épousera pas.

BARTHOLO. – Ni moi non plus.

MARCELINE. – Ni vous ! et votre fils ? vous m'aviez juré…

BARTHOLO. – J'étais fou. Si pareils souvenirs engageaient, on serait tenu d'épouser tout le monde.

BRID'OISON. – E-et si l'on y regardait de si près, per-ersonne n'épouserait personne.

BARTHOLO. – Des fautes si connues ! une jeunesse déplorable !

MARCELINE, *s'échauffant par degrés.* – Oui, déplorable, et plus qu'on ne croit ! Je n'entends pas nier mes fautes, ce jour les a trop bien prouvées ! mais qu'il est dur de les expier après trente ans d'une vie modeste ! J'étais née, moi, pour être sage, et je la suis devenue sitôt qu'on m'a permis d'user de ma raison. Mais dans l'âge des illusions, de l'inexpérience et des besoins, où les séducteurs nous assiègent, pendant que la misère nous poignarde, que peut opposer une enfant à tant d'ennemis rassemblés ? Tel nous juge ici sévèrement, qui, peut-être, en sa vie a perdu dix infortunées !

FIGARO. – Les plus coupables sont les moins généreux ; c'est la règle.

MARCELINE, *vivement.* – Hommes plus qu'ingrats, qui flétrissez par le mépris les jouets de vos passions, vos victimes ! c'est vous qu'il faut punir des erreurs de notre jeunesse ; vous et vos magistrats, si vains du droit de nous juger, et qui nous laissent enlever, par leur coupable négligence, tout honnête moyen de subsister. Est-il un seul état pour les malheureuses filles ? Elles avaient un droit naturel à toute la parure des femmes[1] : on y laisse former mille ouvriers de l'autre sexe.

FIGARO, *en colère.* – Ils font broder jusqu'aux soldats !

MARCELINE, *exaltée.* – Dans les rangs même plus élevés, les femmes n'obtiennent de vous qu'une considération dérisoire ; leurrées de respects apparents, dans une servitude réelle ; traitées en mineures pour nos biens, punies en majeures pour nos fautes ! ah, sous tous les aspects, votre conduite avec nous fait horreur ou pitié !

FIGARO. – Elle a raison !

LE COMTE, *à part.* – Que trop raison !

BRID'OISON. – Elle a, mon-on Dieu ! raison.

MARCELINE. – Mais que nous font, mon fils, les refus d'un homme injuste ? ne regarde pas d'où tu viens, vois où tu vas ; cela seul importe à chacun. Dans quelques mois, ta fiancée ne dépendra plus que d'elle-même ; elle t'acceptera, j'en réponds : vis entre une épouse, une mère tendres

1. Les travaux de couture et de broderie, qui devraient être « naturellement » réservés aux femmes pauvres selon Marceline, mais que l'on confiait souvent à des hommes, notamment à des soldats.

qui te chériront à qui mieux mieux. Sois indulgent pour elles, heureux pour toi, mon fils ; gai, libre et bon pour tout le monde : il ne manquera rien à ta mère.

FIGARO. – Tu parles d'or[1], maman, et je me tiens à ton avis. Qu'on est sot, en effet ! il y a des mille, mille ans que le monde roule, et dans cet océan de durée où j'ai par hasard attrapé quelques chétifs trente ans qui ne reviendront plus, j'irais me tourmenter pour savoir à qui je les dois ! tant pis pour qui s'en inquiète. Passer ainsi la vie à chamailler, c'est peser sur le collier[2] sans relâche, comme les malheureux chevaux de la remonte des fleuves qui ne reposent pas, même quand ils s'arrêtent, et qui tirent toujours quoiqu'ils cessent de marcher. Nous attendrons.

LE COMTE. – Sot événement qui me dérange !

BRID'OISON, *à Figaro.* – Et la noblesse et le château ? vous impo-osez[3] à la justice.

FIGARO. – Elle allait me faire faire une belle sottise, la justice ! après que j'ai manqué, pour ces maudits cent écus, d'assommer vingt fois Monsieur[4], qui se trouve aujourd'hui mon père ! Mais, puisque le Ciel a sauvé ma vertu de ces dangers, mon père, agréez mes excuses… Et vous, ma mère, embrassez-moi… le plus maternellement que vous pourrez.

Marceline lui saute au cou.

1. Tu dis des choses très justes.
2. Partie du harnais passée autour du cou des chevaux attelés.
3. Cherchez à tromper.
4. Allusion au *Barbier de Séville*.

■ Scène 17

BARTHOLO, FIGARO, MARCELINE, BRID'OISON,
SUZANNE, ANTONIO, LE COMTE

SUZANNE, *accourant, une bourse à la main.* – Monseigneur, arrêtez ; qu'on ne les marie pas : je viens payer Madame avec la dot que ma maîtresse me donne.

LE COMTE, *à part.* – Au diable la maîtresse ! Il semble que tout conspire…

Il sort.

■ Scène 18

BARTHOLO, ANTONIO, SUZANNE, FIGARO,
MARCELINE, BRID'OISON

ANTONIO, *voyant Figaro embrasser sa mère, dit à Suzanne.* – Ah ! oui, payer ! Tiens, tiens.

SUZANNE *se retourne.* – J'en vois assez : sortons, mon oncle.

FIGARO, *l'arrêtant.* – Non, s'il vous plaît. Que vois-tu donc ?

SUZANNE. – Ma bêtise et ta lâcheté.

FIGARO. – Pas plus de l'une que de l'autre.

SUZANNE, *en colère.* – Et que tu l'épouses à gré[5], puisque tu la caresses.

FIGARO, *gaiement.* – Je la caresse, mais je ne l'épouse pas.

Suzanne veut sortir, Figaro la retient.

5. De ton plein gré.

SUZANNE *lui donne un soufflet.* – Vous êtes bien insolent d'oser me retenir !

FIGARO, *à la compagnie.* – C'est-il çà de l'amour ? Avant de nous quitter, je t'en supplie, envisage bien cette chère femme-là.

SUZANNE. – Je la regarde.

FIGARO. – Et tu la trouves ?

SUZANNE. – Affreuse.

FIGARO. – Et vive la jalousie ! elle ne vous marchande[1] pas.

MARCELINE, *les bras ouverts.* – Embrasse ta mère, ma jolie Suzannette. Le méchant qui te tourmente est mon fils.

SUZANNE *court à elle.* – Vous, sa mère !

Elles restent dans les bras l'une de l'autre.

ANTONIO. – C'est donc de tout à l'heure ?

FIGARO. – … Que je le sais.

MARCELINE, *exaltée.* – Non, mon cœur entraîné vers lui ne se trompait que de motif ; c'était le sang qui me parlait.

FIGARO. – Et moi le bon sens, ma mère, qui me servait d'instinct quand je vous refusais, car j'étais loin de vous haïr ; témoin l'argent…

MARCELINE *lui remet un papier.* – Il est à toi : reprends ton billet[2], c'est ta dot.

SUZANNE *lui jette la bourse.* – Prends encore celle-ci.

FIGARO. – Grand merci.

1. Elle ne vous ménage pas.
2. La promesse de mariage de Figaro à Marceline.

MARCELINE, *exaltée.* – Fille assez malheureuse, j'allais devenir la plus misérable des femmes et je suis la plus fortunée des mères ! Embrassez-moi, mes deux enfants ; j'unis dans vous toutes mes tendresses. Heureuse autant que je puis l'être, ah ! mes enfants, combien je vais aimer !

FIGARO, *attendri, avec vivacité.* – Arrête donc, chère mère ! arrête donc ! voudrais-tu voir se fondre en eau mes yeux noyés des premières larmes que je connaisse ? elles sont de joie, au moins. Mais quelle stupidité ! j'ai manqué d'en être honteux : je les sentais couler entre mes doigts, regarde ; (*il montre ses doigts écartés*) et je les retenais bêtement ! va te promener, la honte ! je veux rire et pleurer en même temps ; on ne sent pas deux fois ce que j'éprouve.

Il embrasse sa mère d'un côté, Suzanne de l'autre.

MARCELINE. – Ô mon ami !

SUZANNE. – Mon cher ami !

BRID'OISON, *s'essuyant les yeux d'un mouchoir.* – Et bien ! moi ! je suis donc bê-ête aussi !

FIGARO, *exalté.* – Chagrin, c'est maintenant que je puis te défier : atteins-moi, si tu l'oses, entre ces deux femmes chéries.

ANTONIO, *à Figaro.* – Pas tant de cajoleries, s'il vous plaît. En fait de mariage dans les familles, celui des parents va devant, savez. Les vôtres se baillent-ils la main[3] ?

BARTHOLO. – Ma main ! puisse-t-elle se dessécher et tomber, si jamais je la donne à la mère d'un tel drôle !

3. S'épousent-ils.

ANTONIO, *à Bartholo.* – Vous n'êtes donc qu'un père marâtre[1] ? (*À Figaro :*) En ce cas, not' galant, plus de parole[2].

SUZANNE. – Ah ! mon oncle…

ANTONIO. – Irai-je donner l'enfant de not' sœur à sti qui n'est l'enfant de personne ?

BRID'OISON. – Est-ce que cela-a se peut, imbécile ? on est toujours l'enfant de quelqu'un.

ANTONIO. – Tarare[3] !… Il ne l'aura jamais.

Il sort.

Scène 19

BARTHOLO, SUZANNE, FIGARO, MARCELINE, BRID'OISON

BARTHOLO, *à Figaro.* – Et cherche à présent qui t'adopte.

Il veut sortir.

MARCELINE, *courant prendre Bartholo à bras-le-corps, le ramène.* – Arrêtez, docteur, ne sortez pas !

FIGARO, *à part.* – Non, tous les sots d'Andalousie sont, je crois, déchaînés contre mon pauvre mariage !

SUZANNE, *à Bartholo.* – Bon petit papa, c'est votre fils.

MARCELINE, *à Bartholo.* – De l'esprit, des talents, de la figure.

1. *Péjoratif*. Belle-mère ou mauvaise mère. Le mot est ici employé comme adjectif signifiant « ingrat, insensible » mais son accord avec « père » crée un effet comique.
2. Engagement.
3. Interjection familière exprimant l'incrédulité ou la moquerie.

FIGARO, *à Bartholo.* – Et qui ne vous a pas coûté une obole.

BARTHOLO. – Et les cent écus qu'il m'a pris ?

MARCELINE, *le caressant.* – Nous aurons tant de soin de vous, papa !

SUZANNE, *le caressant.* – Nous vous aimerons tant, petit papa !

BARTHOLO, *attendri.* – Papa ! bon papa ! petit papa ! voilà que je suis plus bête encore que Monsieur, moi. (*Montrant Brid'oison.*) Je me laisse aller comme un enfant. (*Marceline et Suzanne l'embrassent.*) Oh ! non, je n'ai pas dit oui. (*Il se retourne.*) Qu'est donc devenu Monseigneur ?

FIGARO. – Courons le joindre ; arrachons-lui son dernier mot. S'il machinait quelque autre intrigue, il faudrait tout recommencer.

TOUS ENSEMBLE. – Courons, courons.

Ils entraînent Bartholo dehors.

■ Scène 20

BRID'OISON, *seul.*

Plus bê-ête encore que Monsieur ! On peut se dire à soi-même ces-es sortes de choses-là, mais… I-ils ne sont pas polis du tout dan-ans cet endroit-ci.

Il sort.

Jacques Weber et Florence Thomassin, dans *Beaumarchais l'insolent*, film d'Édouard Molinaro (1996).

Le théâtre représente une galerie[1] ornée de candélabres[2], de lustres allumés, de fleurs, de guirlandes, en un mot préparée pour donner une fête. Sur le devant à droite est une table avec une écritoire[3], un fauteuil derrière.

Scène 1

FIGARO, SUZANNE

FIGARO, *la tenant à bras-le-corps.* – Eh bien ! amour, es-tu contente ? elle a converti[4] son docteur, cette fine langue dorée de ma mère ! malgré sa répugnance il l'épouse, et ton bourru d'oncle est bridé ; il n'y a que Monseigneur qui rage, car enfin notre hymen va devenir le prix[5] du leur. Ris donc un peu de ce bon résultat.

SUZANNE. – As-tu rien vu de plus étrange ?

FIGARO. – Ou plutôt d'aussi gai. Nous ne voulions qu'une dot arrachée à l'Excellence[6] ; en voilà deux dans nos mains, qui ne sortent pas des siennes. Une rivale acharnée te poursuivait ; j'étais tourmenté par une furie ; tout cela s'est changé, pour nous, dans la « plus bonne »[7] des mères. Hier j'étais comme seul au monde ; et voilà que j'ai tous mes parents ; pas si magnifiques, il est vrai, que je me les étais galonnés[8] ; mais assez bien pour nous, qui n'avons pas la vanité des riches.

SUZANNE. – Aucune des choses que tu avais disposées, que nous attendions, mon ami, n'est pourtant arrivée !

1. Lieu de passage ou de promenade couvert.
2. Grands chandeliers à plusieurs branches.
3. Coffret contenant ce qu'il faut pour écrire.
4. Fait changer d'avis.
5. Conséquence, récompense.
6. Le Comte Almaviva.
7. Incorrection volontaire par souci d'expressivité.
8. Je leur avais donné du galon, je les avais imaginés plus élevés socialement.

FIGARO. – Le hasard a mieux fait que nous tous, ma petite : ainsi va le monde ; on travaille, on projette, on arrange d'un côté ; la fortune[1] accomplit de l'autre : et depuis l'affamé conquérant qui voudrait avaler la terre, jusqu'au paisible aveugle qui se laisse mener par son chien, tous sont le jouet de ses caprices ; encore l'aveugle au chien est-il souvent mieux conduit, moins trompé dans ses vues, que l'autre aveugle avec son entourage. – Pour cet aimable aveugle qu'on nomme Amour…

Il la reprend tendrement à bras-le-corps.

SUZANNE. – Ah ! c'est le seul qui m'intéresse !

FIGARO. – Permets donc que, prenant l'emploi[2] de la folie[3], je sois le bon chien qui le mène à ta jolie mignonne porte ; et nous voilà logés pour la vie.

SUZANNE, *riant* – L'Amour et toi ?

FIGARO. – Moi et l'Amour.

SUZANNE. – Et vous ne chercherez pas d'autre gîte ?

FIGARO. – Si tu m'y prends, je veux bien que mille millions de galants…

SUZANNE. – Tu vas exagérer : dis ta bonne vérité.

FIGARO. – Ma vérité la plus vraie !

SUZANNE. – Fi donc, vilain ! en a-t-on plusieurs ?

FIGARO. – Oh ! que oui. Depuis qu'on a remarqué qu'avec le temps vieilles folies deviennent sagesse, et qu'anciens petits mensonges, assez mal plantés, ont produit de grosses, grosses vérités, on en a de mille espèces ! Et celles

1. Le sort.
2. Rôle.
3. Selon une allégorie traditionnelle, La Folie guide l'Amour après l'avoir aveuglé.

qu'on sait, sans oser les divulguer : car toute vérité n'est pas bonne à dire ; et celles qu'on vante, sans y ajouter foi : car toute vérité n'est pas bonne à croire ; et les serments passionnés, les menaces des mères, les protestations des buveurs, les promesses des gens en place, le dernier mot de nos marchands ; cela ne finit pas. Il n'y a que mon amour pour Suzon qui soit une vérité de bon aloi[4].

SUZANNE. – J'aime ta joie, parce qu'elle est folle ; elle annonce que tu es heureux. Parlons du rendez-vous du comte.

FIGARO. – Ou plutôt n'en parlons jamais ; il a failli me coûter Suzanne.

SUZANNE. – Tu ne veux donc plus qu'il ait lieu ?

FIGARO. – Si vous m'aimez, Suzon, votre parole d'honneur sur ce point : qu'il s'y morfonde ; et c'est sa punition.

SUZANNE. – Il m'en a plus coûté de l'accorder que je n'ai de peine à le rompre ; il n'en sera plus question.

FIGARO. – Ta bonne vérité ?

SUZANNE. – Je ne suis pas comme vous autres savants ; moi, je n'en ai qu'une.

FIGARO. – Et tu m'aimeras un peu ?

SUZANNE. – Beaucoup.

FIGARO. – Ce n'est guère.

SUZANNE. – Et comment ?

FIGARO. – En fait d'amour, vois-tu, trop n'est pas même assez.

4. Digne d'estime.

SUZANNE. – Je n'entends pas toutes ces finesses ; mais je n'aimerai que mon mari.

FIGARO. – Tiens parole, et tu feras une belle exception à l'usage.

Il veut l'embrasser.

Scène 2

FIGARO, SUZANNE, LA COMTESSE

LA COMTESSE. – Ah ! j'avais raison de le dire : en quelque endroit qu'ils soient, croyez qu'ils sont ensemble. Allons donc, Figaro, c'est voler l'avenir, le mariage et vous-même, que d'usurper un tête-à-tête. On vous attend, on s'impatiente.

FIGARO. – Il est vrai, madame, je m'oublie. Je vais leur montrer mon excuse.

Il veut emmener Suzanne.

LA COMTESSE *la retient.* – Elle vous suit.

Scène 3

SUZANNE, LA COMTESSE

LA COMTESSE. – As-tu ce qu'il nous faut pour troquer de vêtement ?

SUZANNE. – Il ne faut rien, madame ; le rendez-vous ne tiendra pas.

La Comtesse. – Ah ! vous changez d'avis ?

Suzanne. – C'est Figaro.

La Comtesse. – Vous me trompez.

Suzanne. – Bonté divine !

La Comtesse. – Figaro n'est pas homme à laisser échapper une dot.

Suzanne. – Madame ! eh ! que croyez-vous donc ?

La Comtesse. – Qu'enfin, d'accord avec le comte, il vous fâche[1] à présent de m'avoir confié ses projets. Je vous sais par cœur. Laissez-moi.

Elle veut sortir.

Suzanne *se jette à genoux.* – Au nom du ciel, espoir de tous ! vous ne savez pas, madame, le mal que vous faites à Suzanne ! après vos bontés continuelles et la dot que vous me donnez !…

La Comtesse *la relève.* – Hé mais… je ne sais ce que je dis ! En me cédant ta place au jardin, tu n'y vas pas, mon cœur ; tu tiens parole à ton mari ; tu m'aides à ramener le mien.

Suzanne. – Comme vous m'avez affligée !

La Comtesse. – C'est que je ne suis qu'une étourdie. (*Elle la baise au front.*) Où est ton rendez-vous ?

Suzanne *lui baise la main.* – Le mot de jardin m'a seul frappée.

La Comtesse, *montrant la table.* – Prends cette plume, et fixons un endroit.

1. Il vous déplaît.

Suzanne. – Lui écrire !

La Comtesse. – Il le faut.

Suzanne. – Madame ! au moins, c'est vous…

La Comtesse. – Je mets tout sur mon compte. (*Suzanne s'assied, la comtesse dicte.*) « *Chanson nouvelle, sur l'air :… Qu'il fera beau ce soir sous les grands marronniers… Qu'il fera beau, ce soir…* »

Suzanne *écrit.* – « *Sous les grands marronniers…* » Après ?

La Comtesse. – Crains-tu qu'il ne t'entende pas ?

Suzanne *relit.* – C'est juste. (*Elle plie le billet.*) Avec quoi cacheter ?

La Comtesse. – Une épingle, dépêche : elle servira de réponse. Écris sur le revers : « Renvoyez-moi le cachet. »

Suzanne *écrit en riant.* – Ah ! « le cachet » !… Celui-ci[1], madame, est plus gai que celui du brevet.

La Comtesse, *avec un souvenir douloureux.* – Ah !

Suzanne *cherche sur elle.* – Je n'ai pas d'épingle à présent !

La Comtesse *détache sa lévite.* – Prends celle-ci. (*Le ruban du page tombe de son sein à terre.*) Ah ! mon ruban !

Suzanne *le ramasse.* – C'est celui du petit voleur ! vous avez eu la cruauté ?…

La Comtesse. – Fallait-il le laisser à son bras ? c'eût été joli ! Donnez donc !

1. Ce tour-ci.

SUZANNE. – Madame ne le portera plus, taché du sang de ce jeune homme.

LA COMTESSE *le reprend.* – Excellent pour Fanchette… Le premier bouquet qu'elle m'apportera…

Scène 4

UNE JEUNE BERGÈRE, CHÉRUBIN *en fille,*
FANCHETTE *et beaucoup de jeunes filles habillées*
comme elle et tenant des bouquets.
LA COMTESSE, SUZANNE

FANCHETTE. – Madame, ce sont les filles du bourg qui viennent vous présenter des fleurs.

LA COMTESSE, *serrant*[2] *vite son ruban.* – Elles sont charmantes : je me reproche, mes belles petites, de ne pas vous connaître toutes. (*Montrant Chérubin.*) Quelle est cette aimable enfant qui a l'air si modeste ?

UNE BERGÈRE – C'est une cousine à moi, madame, qui n'est ici que pour la noce.

LA COMTESSE. – Elle est jolie. Ne pouvant porter vingt bouquets, faisons honneur à l'étrangère. (*Elle prend le bouquet de Chérubin et le baise au front.*) Elle en rougit ! (*À Suzanne :*) Ne trouves-tu pas, Suzon… qu'elle ressemble à quelqu'un ?

SUZANNE. – À s'y méprendre, en vérité.

CHÉRUBIN, *à part, les mains sur son cœur.* – Ah ! Ce baiser-là m'a été bien loin !

2. Mettant à l'abri, dans un lieu sûr.

■ Scène 5

LES JEUNES FILLES, CHÉRUBIN *au milieu d'elles ;* FANCHETTE, ANTONIO, LE COMTE, LA COMTESSE, SUZANNE

ANTONIO. – Moi je vous dis, Monseigneur, qu'il y est ; elles l'ont habillé chez ma fille ; toutes ses hardes y sont encore, et voilà son chapeau d'ordonnance[1] que j'ai retiré du paquet. (*Il s'avance, et regardant toutes les filles, il reconnaît Chérubin, lui enlève son bonnet de femme, ce qui fait retomber ses longs cheveux en cadenette*[2]*. Il lui met sur la tête le chapeau d'ordonnance et dit :*) Eh ! parguenne[3], v'là notre officier.

LA COMTESSE *recule.* – Ah ! Ciel !

SUZANNE. – Ce friponneau !

ANTONIO. – Quand je disais là-haut que c'était lui !...

LE COMTE, *en colère.* – Eh bien, madame ?

LA COMTESSE. – Eh bien, monsieur ! vous me voyez plus surprise que vous, et, pour le moins, aussi fâchée.

LE COMTE. – Oui ; mais tantôt, ce matin ?

LA COMTESSE. – Je serais coupable en effet, si je dissimulais encore. Il était descendu chez moi. Nous entamions le badinage que ces enfants viennent d'achever ; vous nous avez surprises l'habillant ; votre premier mouvement est si vif ! il s'est sauvé, je me suis troublée, l'effroi général a fait le reste.

1. Chapeau d'uniforme militaire.
2. Longue tresse de cheveux portée par certains soldats.
3. Juron patois, déformation de *Par Dieu*!

Le Comte, *avec dépit, à Chérubin.* – Pourquoi n'êtes-vous pas parti ?

Chérubin, *ôtant son chapeau brusquement.* – Monseigneur…

Le Comte. – Je punirai ta désobéissance.

Fanchette, *étourdiment.* – Ah ! Monseigneur, entendez-moi[4] ! Toutes les fois que vous venez m'embrasser, vous savez bien que vous dites toujours : « Si tu veux m'aimer, petite Fanchette, je te donnerai ce que tu voudras. »

Le Comte, *rougissant.* – Moi ! j'ai dit cela ?

Fanchette. – Oui, Monseigneur. Au lieu de punir Chérubin, donnez-le-moi en mariage, et je vous aimerai à la folie.

Le Comte, *à part.* – Être ensorcelé par un page !

La Comtesse. – Eh bien, monsieur, à votre tour ; l'aveu de cette enfant, aussi naïf que le mien, atteste enfin deux vérités : que c'est toujours sans le vouloir si je vous cause des inquiétudes, pendant que vous épuisez tout pour augmenter et justifier les miennes.

Antonio. – Vous aussi, Monseigneur ? Dame ! je vous la redresserai comme feu sa mère[5], qui est morte… Ce n'est pas pour la conséquence ; mais c'est que Madame sait bien que les petites filles, quand elles sont grandes…

Le Comte, *déconcerté, à part.* – Il y a un mauvais génie qui tourne tout ici contre moi !

4. Écoutez-moi.
5. Je vous la corrigerai comme l'aurait fait sa défunte mère (ou bien : comme je l'ai fait envers sa défunte mère).

Scène 6

LES JEUNES FILLES, CHÉRUBIN, ANTONIO, FIGARO, LE COMTE, LA COMTESSE, SUZANNE

FIGARO. – Monseigneur, si vous retenez nos filles, on ne pourra commencer ni la fête ni la danse.

LE COMTE. – Vous, danser ! vous n'y pensez pas. Après votre chute de ce matin, qui vous a foulé le pied droit !

FIGARO, *remuant la jambe.* – Je souffre encore un peu ; ce n'est rien. (*Aux jeunes filles :*) Allons, mes belles, allons !

LE COMTE *le retourne.* – Vous avez été fort heureux que ces couches ne fussent que du terreau bien doux !

FIGARO. – Très heureux, sans doute ; autrement…

ANTONIO *le retourne.* – Puis il s'est pelotonné en tombant jusqu'en bas.

FIGARO. – Un plus adroit, n'est-ce pas, serait resté en l'air ! (*Aux jeunes filles :*) Venez-vous, mesdemoiselles ?

ANTONIO *le retourne.* – Et pendant ce temps, le petit page galopait sur son cheval à Séville ?

FIGARO. – Galopait ou marchait au pas !…

LE COMTE *le retourne.* – Et vous aviez son brevet dans la poche ?

FIGARO, *un peu étonné.* – Assurément, mais quelle enquête ? (*Aux jeunes filles :*) Allons donc, jeunes filles !

ANTONIO, *attirant Chérubin par le bras.* – En voici une qui prétend que mon neveu futur n'est qu'un menteur.

FIGARO, *surpris.* – Chérubin !… (*À part.*) Peste du petit fat !

ANTONIO. – Y es-tu maintenant ?

FIGARO, *cherchant.* – J'y suis… j'y suis… Hé ! qu'est-ce qu'il chante ?

LE COMTE, *sèchement.* – Il ne chante pas ; il dit que c'est lui qui a sauté sur les giroflées.

FIGARO, *rêvant.* – Ah ! s'il le dit… cela se peut ; je ne dispute pas de ce que j'ignore.

LE COMTE. – Ainsi vous et lui ?…

FIGARO. – Pourquoi non ? la rage de sauter peut gagner : voyez les moutons de Panurge[1] ; et quand vous êtes en colère, il n'y a personne qui n'aime mieux risquer…

LE COMTE. – Comment, deux à la fois !…

FIGARO. – On aurait sauté deux douzaines ; et qu'est-ce que cela fait, Monseigneur, dès qu'il[2] n'y a personne de blessé ? (*Aux jeunes filles :*) Ah çà, voulez-vous venir, ou non ?

LE COMTE, *outré.* – Jouons-nous une comédie ?

On entend un prélude de fanfare.

FIGARO. – Voilà le signal de la marche. À vos postes, les belles, à vos postes ! Allons, Suzanne, donne-moi le bras.

Tous s'enfuient, Chérubin reste seul, la tête baissée.

1. Allusion à un épisode du *Quart Livre* (1548) de Rabelais: un troupeau de moutons se noie pour avoir suivi l'un d'eux, jeté à la mer.
2. Puisqu'il.

Scène 7

CHÉRUBIN, LE COMTE, LA COMTESSE

LE COMTE, *regardant aller Figaro.* – En voit-on de plus audacieux ? (*Au page :*) Pour vous, monsieur le sournois, qui faites le honteux, allez vous rhabiller bien vite ; et que je ne vous rencontre nulle part de la soirée.

LA COMTESSE. – Il va bien s'ennuyer.

CHÉRUBIN, *étourdiment.* – M'ennuyer ! j'emporte à mon front du bonheur pour plus de cent années de prison.

Il met son chapeau et s'enfuit.

Scène 8

LE COMTE, LA COMTESSE
(La comtesse s'évente fortement sans parler.)

LE COMTE. – Qu'a-t-il au front de si heureux ?

LA COMTESSE, *avec embarras.* – Son... premier chapeau d'officier, sans doute ; aux enfants tout sert de hochet.

Elle veut sortir.

LE COMTE. – Vous ne nous restez pas, comtesse ?

LA COMTESSE. – Vous savez que je ne me porte pas bien.

LE COMTE. – Un instant pour votre protégée, ou je vous croirais en colère.

La Comtesse. – Voici les deux noces, asseyons-nous donc pour les recevoir.

Le Comte, *à part.* – La noce ! il faut souffrir ce qu'on ne peut empêcher.

Le comte et la comtesse s'assoient vers un des côtés de la galerie.

Scène 9

Le Comte, La Comtesse, *assis ;*
l'on joue les « Folies d'Espagne » d'un mouvement de marche.
(Symphonie notée.)

MARCHE[1]

Les gardes-chasse, *fusil sur l'épaule.*
L'Alguazil, Les Prud'hommes, Brid'oison.
Les paysans et paysannes, *en habits de fête.*
Deux jeunes filles *portant la toque virginale à plumes blanches ;*
Deux autres, *le voile blanc ;*
Deux autres, *les gants et le bouquet de côté.*
Antonio *donne la main à* Suzanne, *comme étant celui qui la marie à* Figaro.
D'autres jeunes filles *portent une autre toque, un autre voile, un autre bouquet blanc, semblables aux premiers, pour* Marceline.
Figaro donne la main à Marceline, comme celui qui doit la remettre au docteur, lequel ferme la marche, un gros bouquet au côté.

1. Musique qui rythme le pas d'une troupe.

Les jeunes filles, en passant devant le comte, remettent à ses valets tous les ajustements[1] destinés à Suzanne et à Marceline. Les Paysans et Paysannes s'étant rangés sur deux colonnes à chaque côté du salon, on danse une reprise du fandango[2] (air noté) avec des castagnettes ; puis on joue la ritournelle du duo, pendant laquelle Antonio conduit Suzanne au comte ; elle se met à genoux devant lui.

Pendant que le comte lui pose la toque, le voile, et lui donne le bouquet, deux jeunes filles chantent le duo suivant (air noté) :

Jeune épouse, chantez les bienfaits et la gloire
D'un maître qui renonce aux droits qu'il eut sur vous :
Préférant au plaisir la plus noble victoire,
Il vous rend chaste et pure aux mains de votre époux.

Suzanne est à genoux, et, pendant les derniers vers du duo, elle tire le comte par son manteau et lui montre le billet qu'elle tient ; puis elle porte la main qu'elle a du côté des spectateurs à sa tête, où le comte a l'air d'ajuster sa toque ; elle lui donne le billet. Le comte le met furtivement dans son sein ; on achève de chanter le duo ; la fiancée se relève et lui fait une grande révérence. Figaro vient la recevoir des mains du comte et se retire avec elle, à l'autre côté du salon, près de Marceline.

(On danse une autre reprise du fandango, pendant ce temps.)

Le comte, pressé de lire ce qu'il a reçu, s'avance au bord du théâtre et tire le papier de son sein ; mais en le sortant il fait le geste d'un homme qui s'est cruellement piqué le doigt ; il le secoue, le presse, le suce, et regardant le papier cacheté d'une épingle, il dit :

LE COMTE *(Pendant qu'il parle, ainsi que Figaro, l'orchestre joue pianissimo.)* . – Diantre soit des femmes, qui fourrent

1. Ornements, parures.
2. Danse espagnole.

des épingles partout ! (*Il la jette à terre, puis il lit le billet et le baise.*)

FIGARO, *qui a tout vu, dit à sa mère et à Suzanne.* – C'est un billet doux, qu'une fillette aura glissé dans sa main en passant. Il était cacheté d'une épingle, qui l'a outrageusement[3] piqué. (*La danse reprend : le comte qui a lu le billet le retourne ; il y voit l'invitation de renvoyer le cachet pour réponse. Il cherche à terre et retrouve enfin l'épingle qu'il attache à sa manche.*)

FIGARO, *à Suzanne et à Marceline.* – D'un objet aimé tout est cher. Le voilà qui ramasse l'épingle. Ah, c'est une drôle de tête ! (*Pendant ce temps, Suzanne a des signes d'intelligence*[4] *avec la comtesse. La danse finit, la ritournelle du duo recommence.*)

Figaro conduit Marceline au comte, ainsi qu'on a conduit Suzanne ; à l'instant où le comte prend la toque, et où l'on va chanter le duo, on est interrompu par les cris suivants :

L'HUISSIER, *criant à la porte.* – Arrêtez donc, messieurs ! vous ne pouvez entrer tous… Ici les gardes, les gardes !

Les gardes vont vite à cette porte.

LE COMTE, *se levant.* – Qu'est-ce qu'il y a ?

L'HUISSIER. – Monseigneur, c'est monsieur Bazile, entouré d'un village entier, parce qu'il chante en marchant.

LE COMTE. – Qu'il entre seul.

LA COMTESSE. – Ordonnez-moi de me retirer.

LE COMTE. – Je n'oublie pas votre complaisance.

LA COMTESSE. – Suzanne !… elle reviendra. (*À part, à Suzanne :*) Allons changer d'habits.

Elle sort avec Suzanne.

3. Violemment.
4. De complicité.

MARCELINE. – Il n'arrive jamais que pour nuire.

FIGARO. – Ah ! je m'en vais vous le faire déchanter !

Scène 10

TOUS LES ACTEURS PRÉCÉDENTS, *excepté* LA COMTESSE *et* SUZANNE ; BAZILE *tenant sa guitare ;* GRIPPE-SOLEIL

BAZILE *entre en chantant sur l'air du vaudeville*[1] *de la fin (air noté) :*

Cœurs sensibles, cœurs fidèles,
Qui blâmez l'amour léger,
Cessez vos plaintes cruelles :
Est-ce un crime de changer ?
Si l'Amour porte des ailes,
N'est-ce pas pour voltiger ?
N'est-ce pas pour voltiger ?
N'est-ce pas pour voltiger ?

FIGARO *s'avance à lui.* – Oui, c'est pour cela justement qu'il a des ailes au dos ; notre ami, qu'entendez-vous par cette musique ?

BAZILE, *montrant Grippe-Soleil.* – Qu'après avoir prouvé mon obéissance à Monseigneur en amusant Monsieur, qui est de sa compagnie, je pourrai, à mon tour, réclamer sa justice.

GRIPPE-SOLEIL. – Bah ! Monsigneu, il ne m'a pas amusé du tout : avec leux[2] guenilles d'ariettes[3]...

1. Ici, couplets chantés. Au XIXe siècle, le vaudeville désignera un genre de comédie divertissante, multipliant rebondissements et quiproquos.
2. Leurs.
3. Terme de mépris.

Le Comte. – Enfin que demandez-vous, Bazile ?

Bazile. – Ce qui m'appartient, Monseigneur, la main de Marceline ; et je viens m'opposer…

Figaro *s'approche.* – Y a-t-il longtemps que Monsieur n'a vu la figure d'un fou ?

Bazile. – Monsieur, en ce moment même.

Figaro. – Puisque mes yeux vous servent si bien de miroir, étudiez-y l'effet de ma prédiction. Si vous faites mine seulement d'approximer[4] Madame…

Bartholo, *en riant.* – Eh pourquoi ? laisse-le parler.

Brid'oison *s'avance entre deux.* – Fau-aut-il que deux amis ?…

Figaro. – Nous, amis !

Bazile. – Quelle erreur !

Figaro, *vite.* – Parce qu'il fait de plats airs de chapelle ?

Bazile, *vite.* – Et lui, des vers comme un journal ?

Figaro, *vite.* – Un musicien de guinguette !

Bazile, *vite.* – Un postillon de gazette[5] !

Figaro, *vite.* – Cuistre[6] d'oratorio[7] !

Bazile, *vite.* – Jockey[8] diplomatique !

Le Comte, *assis.* – Insolents tous les deux !

Bazile. – Il me manque[9] en toute occasion.

Figaro. – C'est bien dit, si cela se pouvait !

4. Néologisme signifiant « s'approcher de ».
5. Allusion à la fonction de valet de poste que le Comte voulait attribuer à Figaro (le mot *gazette*, lui, renvoie aux anciennes activités journalistiques de celui-ci).
6. Pédant ridicule.
7. Drame lyrique.
8. Cavalier.
9. Sous entendu : … de respect.

Bazile. – Disant partout que je ne suis qu'un sot.

Figaro. – Vous me prenez donc pour un écho ?

Bazile. – Tandis qu'il n'est pas un chanteur que mon talent n'ait fait briller.

Figaro. – Brailler.

Bazile. – Il le répète !

Figaro. – Et pourquoi non, si cela est vrai ? es-tu un prince, pour qu'on te flagorne[1] ? souffre la vérité, coquin ! puisque tu n'as pas de quoi gratifier un menteur ; ou si tu la crains de notre part, pourquoi viens-tu troubler nos noces ?

Bazile, *à Marceline.* – M'avez-vous promis, oui ou non, si dans quatre ans vous n'étiez pas pourvue[2], de me donner la préférence ?

Marceline. – À quelle condition l'ai-je promis ?

Bazile. – Que si vous retrouviez un certain fils perdu, je l'adopterais par complaisance.

Tous ensemble. – Il est trouvé.

Bazile. – Qu'à cela ne tienne !

Tous ensemble, *montrant Figaro.* – Et le voici.

Bazile, *reculant de frayeur.* – J'ai vu le diable !

Brid'oison, *à Bazile.* – Et vou-ous renoncez à sa chère mère !

Bazile. – Qu'y aurait-il de plus fâcheux que d'être cru le père d'un garnement ?

1. Flatte
2. Mariée.

FIGARO. – D'en être cru le fils ; tu te moques de moi !

BAZILE, *montrant Figaro.* – Dès que Monsieur est de quelque chose ici, je déclare, moi, que je n'y suis plus de rien.

Il sort.

Scène 11

LES ACTEURS PRÉCÉDENTS, *excepté* BAZILE

BARTHOLO, *riant.* – Ah ! ah ! ah ! ah !

FIGARO, *sautant de joie.* – Donc à la fin j'aurai ma femme !

LE COMTE, *à part.* – Moi, ma maîtresse !

Il se lève.

BRID'OISON, *à Marceline.* – Et tou-out le monde est satisfait.

LE COMTE. – Qu'on dresse les deux contrats ; j'y signerai.

TOUS ENSEMBLE. – Vivat !

Ils sortent.

LE COMTE. – J'ai besoin d'une heure de retraite.

Il veut sortir avec les autres.

Scène 12

GRIPPE-SOLEIL, FIGARO, MARCELINE, LE COMTE

GRIPPE-SOLEIL, *à Figaro.* – Et moi, je vais aider à ranger[3] le feu d'artifice sous les grands marronniers, comme on l'a dit.

3. Disposer.

LE COMTE *revient en courant.* – Quel sot a donné un tel ordre ?

FIGARO. – Où est le mal ?

LE COMTE, *vivement.* – Et la comtesse qui est incommodée, d'où le verra-t-elle, l'artifice ? C'est sur la terrasse qu'il le faut, vis-à-vis son appartement.

FIGARO. – Tu l'entends, Grippe-Soleil ? la terrasse.

LE COMTE. – Sous les grands marronniers ! belle idée ! (*En s'en allant, à part.*) Ils allaient incendier mon rendez-vous !

■ Scène 13

FIGARO, MARCELINE

FIGARO. – Quel excès d'attention pour sa femme !

Il veut sortir.

MARCELINE *l'arrête.* – Deux mots, mon fils. Je veux m'acquitter[1] avec toi : un sentiment mal dirigé m'avait rendue injuste envers ta charmante femme : je la supposais d'accord avec le comte, quoique j'eusse appris de Bazile qu'elle l'avait toujours rebuté[2].

FIGARO. – Vous connaissiez mal votre fils, de le croire ébranlé par ces impulsions féminines. Je puis défier la plus rusée de m'en faire accroire[3].

MARCELINE. – Il est toujours heureux de le penser, mon fils ; la jalousie…

1. Libérer ma conscience.
2. Repoussé.
3. Me tromper.

FIGARO. –… N'est qu'un sot enfant de l'orgueil, ou c'est la maladie d'un fou. Oh ! j'ai là-dessus, ma mère, une philosophie… imperturbable ; et si Suzanne doit me tromper un jour, je lui pardonne d'avance ; elle aura longtemps travaillé…

Il se retourne et aperçoit Fanchette qui cherche de côté et d'autre.

Scène 14

FIGARO, FANCHETTE, MARCELINE

FIGARO. – Eeeh…, ma petite cousine qui nous écoute !

FANCHETTE. – Oh ! pour ça, non : on dit que c'est malhonnête.

FIGARO. – Il est vrai ; mais comme cela est utile, on fait aller souvent l'un pour l'autre.

FANCHETTE. – Je regardais si quelqu'un était là.

FIGARO. – Déjà dissimulée[4], friponne ! Vous savez bien qu'il n'y peut être.

FANCHETTE. – Et qui donc ?

FIGARO. – Chérubin.

FANCHETTE. – Ce n'est pas lui que je cherche, car je sais fort bien où il est ; c'est ma cousine Suzanne.

FIGARO. – Et que lui veut ma petite cousine ?

4. Déjà habituée à dissimuler.

Fanchette. – À vous, petit cousin, je le dirai. C'est… ce n'est qu'une épingle que je veux lui remettre.

Figaro, *vivement.* – Une épingle ! une épingle !… et de quelle part, coquine ? à votre âge, vous faites déjà un mét… (*Il se reprend, et dit d'un ton doux.*) Vous faites déjà très bien tout ce que vous entreprenez, Fanchette ; et ma jolie cousine est si obligeante…

Fanchette. – À qui donc en a-t-il de se fâcher ? Je m'en vais.

Figaro, *l'arrêtant.* – Non, non, je badine ; tiens, ta petite épingle est celle que Monseigneur t'a dit de remettre à Suzanne, et qui servait à cacheter un petit papier qu'il tenait ; tu vois que je suis au fait[1].

Fanchette. – Pourquoi donc le demander, quand vous le savez si bien ?

Figaro, *cherchant.* – C'est qu'il est assez gai de savoir comment Monseigneur s'y est pris pour t'en donner la commission.

Fanchette, *naïvement.* – Pas autrement que vous ne dites : « Tiens, petite Fanchette, rends cette épingle à ta belle cousine, et dis-lui seulement que c'est le cachet des grands marronniers. »

Figaro. – « Des grands… » ?

Fanchette. – « Marronniers. » Il est vrai qu'il a ajouté : « Prends garde que personne ne te voie. »

Figaro. – Il faut obéir, ma cousine : heureusement personne ne vous a vue. Faites donc joliment votre

1. Au courant.

commission ; et n'en dites pas plus à Suzanne que Monseigneur n'a ordonné.

FANCHETTE. – Et pourquoi lui en dirais-je ? il me prend pour un enfant, mon cousin.

Elle sort en sautant.

Scène 15

FIGARO, MARCELINE

FIGARO. – Eh bien, ma mère ?

MARCELINE. – Eh bien, mon fils ?

FIGARO, *comme étouffé.* – Pour celui-ci[2] !... il y a réellement des choses... !

MARCELINE. – Il y a des choses ! hé, qu'est-ce qu'il y a ?

FIGARO, *les mains sur sa poitrine.* – Ce que je viens d'entendre, ma mère, je l'ai là comme un plomb.

MARCELINE, *riant.* – Ce cœur plein d'assurance n'était donc qu'un ballon gonflé ? une épingle a tout fait partir !

FIGARO, *furieux.* – Mais cette épingle, ma mère, est celle qu'il a ramassée !...

MARCELINE, *rappelant ce qu'il a dit.* – « La jalousie ! oh ! j'ai là-dessus, ma mère, une philosophie... imperturbable ; et si Suzanne m'attrape un jour, je le lui pardonne... »

FIGARO, *vivement.* – Oh ! ma mère ! on parle comme on sent : mettez le plus glacé des juges à plaider dans sa propre

2. Pour ceci.

cause, et voyez-le expliquer la loi ! Je ne m'étonne plus s'il avait tant d'humeur sur ce feu ! Pour la mignonne aux fines épingles, elle n'en est pas où elle le croit, ma mère, avec ses marronniers ! Si mon mariage est assez fait pour légitimer ma colère, en revanche, il ne l'est pas assez pour que je n'en puisse épouser une autre, et l'abandonner…

MARCELINE. – Bien conclu ! abîmons[1] tout sur un soupçon. Qui t'a prouvé, dis-moi, que c'est toi qu'elle joue, et non le comte ? L'as-tu étudiée de nouveau, pour la condamner sans appel ? Sais-tu si elle se rendra sous les arbres ? à quelle intention elle y va ? ce qu'elle y dira, ce qu'elle y fera ? Je te croyais plus fort en jugement !

FIGARO, *lui baisant la main avec respect.* – Elle a raison, ma mère, elle a raison, raison, toujours raison ! Mais accordons, maman, quelque chose à la nature ; on en vaut mieux après. Examinons en effet avant d'accuser et d'agir. Je sais où est le rendez-vous. Adieu, ma mère.

Il sort.

■ Scène 16

MARCELINE, *seule.*

Adieu ; et moi aussi, je le sais. Après l'avoir arrêté, veillons sur les voies[2] de Suzanne ; ou plutôt avertissons-la ; elle est si jolie créature ! Ah ! quand l'intérêt personnel ne nous arme pas les unes contre les autres, nous sommes toutes portées à soutenir notre pauvre sexe opprimé, contre ce fier, ce terrible… (en riant) et pourtant un peu nigaud de sexe masculin.

Elle sort.

1. Ruinons, saccageons.
2. Projets.

Le théâtre représente une salle[1] de marronniers, dans un parc ; deux pavillons, kiosques, ou temples de jardins, sont à droite et à gauche ; le fond est une clairière ornée ; un siège de gazon sur le devant. Le théâtre est obscur.

Scène 1

FANCHETTE, *seule, tenant d'une main deux biscuits et une orange, et de l'autre une lanterne de papier allumée.*

Dans le pavillon à gauche, a-t-il dit. C'est celui-ci. S'il allait ne pas venir à présent ! mon petit rôle[2]… Ces vilaines gens[3] de l'office qui ne voulaient pas seulement me donner une orange et deux biscuits ! « Pour qui, mademoiselle ? – Eh bien, monsieur, c'est pour quelqu'un. – Oh ! nous savons. » Et quand ça serait ? parce que Monseigneur ne veut pas le voir, faut-il qu'il meure de faim ? Tout ça pourtant m'a coûté un fier baiser sur la joue !… Que sait-on ? il me le rendra peut-être. (*Elle voit Figaro qui vient l'examiner ; elle fait un cri.*) Ah !…

Elle s'enfuit, et elle entre dans le pavillon à sa gauche.

1. Lieu planté d'arbres.
2. Son rôle d'ingénue.
3. Ici, l'accord du mot *gens* se fait au féminin.

Scène 2

FIGARO, *un grand manteau sur les épaules, un large chapeau rabattu ;* BAZILE, ANTONIO, BARTHOLO, BRID'OISON, GRIPPE-SOLEIL, TROUPE DE VALETS ET DE TRAVAILLEURS

FIGARO, *d'abord seul.* – C'est Fanchette ! (*Il parcourt des yeux les autres à mesure qu'ils arrivent, et dit d'un ton farouche.*) Bonjour, messieurs ; bonsoir ; êtes-vous tous ici ?

BAZILE. – Ceux que tu as pressés d'y venir.

FIGARO. – Quelle heure est-il bien à peu près ?

ANTONIO *regarde en l'air.* – La lune devrait être levée.

BARTHOLO. – Eh ! quels noirs apprêts[1] fais-tu donc ? Il a l'air d'un conspirateur !

FIGARO, *s'agitant.* – N'est-ce pas pour une noce, je vous prie, que vous êtes rassemblés au château ?

BRID'OISON. – Cè-ertainement.

ANTONIO. – Nous allions là-bas, dans le parc, attendre un signal pour ta fête.

FIGARO. – Vous n'irez pas plus loin, messieurs ; c'est ici, sous ces marronniers, que nous devons tous célébrer l'honnête fiancée que j'épouse, et le loyal seigneur qui se l'est destinée.

1. Préparatifs.

Bazile, *se rappelant la journée.* – Ah ! vraiment, je sais ce que c'est. Retirons-nous, si vous m'en croyez : il est question d'un rendez-vous ; je vous conterai cela près d'ici.

Brid'oison, *à Figaro.* – Nou-ous reviendrons.

Figaro. – Quand vous m'entendrez appeler, ne manquez pas d'accourir tous, et dites du mal de Figaro s'il ne vous fait voir une belle chose.

Bartholo. – Souviens-toi qu'un homme sage ne se fait point d'affaires[2] avec les grands.

Figaro. – Je m'en souviens.

Bartholo. – Qu'ils ont quinze et bisque[3] sur nous, par leur état.

Figaro. – Sans leur industrie[4], que vous oubliez. Mais souvenez-vous aussi que l'homme qu'on sait timide est dans la dépendance de tous les fripons.

Bartholo. – Fort bien.

Figaro. – Et que j'ai nom de Verte-Allure[5], du chef[6] honoré de ma mère.

Bartholo. – Il a le diable au corps.

Brid'oison. – I-il l'a.

Bazile, *à part.* – Le comte et sa Suzanne se sont arrangés sans moi ? Je ne suis pas fâché de l'algarade[7].

Figaro, *aux valets.* – Pour vous autres, coquins, à qui j'ai donné l'ordre, illuminez-moi ces entours[8] ; ou, par la mort que je voudrais tenir aux dents, si j'en saisis un par le bras…

Il secoue le bras de Grippe-Soleil.

2. Ne se querelle pas.
3. Ils ont un grand avantage sur nous (expression empruntée au jeu de paume).
4. Ruse.
5. Nom de Marceline.
6. *Juridique*. En vertu du droit de porter ce nom que je tiens de ma mère.
7. Querelle.
8. Alentours.

GRIPPE-SOLEIL *s'en va en criant et pleurant.* – A, a, o, oh ! Damné brutal !

BAZILE, *en s'en allant.* – Le Ciel vous tienne en joie, monsieur du marié !

Ils sortent.

■ Scène 3

FIGARO, SEUL, *se promenant dans l'obscurité, dit du ton le plus sombre.*

Ô Femme ! femme ! femme ! créature faible et décevante !... nul animal[1] créé ne peut manquer à son instinct ; le tien est-il donc de tromper ?... Après m'avoir obstinément refusé quand je l'en pressais devant sa maîtresse ; à l'instant qu'elle me donne sa parole ; au milieu même de la cérémonie... Il riait en lisant, le perfide ! et moi comme un benêt !... Non, monsieur le comte, vous ne l'aurez pas... vous ne l'aurez pas. Parce que vous êtes un grand seigneur, vous vous croyez un grand génie[2] !... noblesse, fortune, un rang, des places ; tout cela rend si fier ! Qu'avez-vous fait pour tant de biens ? vous vous êtes donné la peine de naître, et rien de plus. Du reste, homme assez ordinaire ! tandis que moi, morbleu ! perdu dans la foule obscure, il m'a fallu déployer plus de science et de calculs pour subsister seulement, qu'on n'en a mis depuis cent ans à gouverner toutes les Espagnes ; et vous voulez jouter[3]... On vient... c'est elle... ce n'est personne. La nuit est noire en diable, et me voilà faisant le sot métier de mari, quoique je ne le sois qu'à moitié ! (*Il s'assied sur un banc.*)

La prouesse du monologue

C'est la première fois, dans l'histoire du théâtre classique en France, qu'un personnage, et surtout un valet, tient un si long monologue. Celui-ci constitue un « morceau de bravoure » d'autant plus remarquable qu'il associe des revendications sociales à une interrogation sur l'identité et la destinée humaines. ■

1. Être vivant.
2. jeu de mot sur le sens étymologique du terme (du latin *ingenium* désignant le « caractère inné ») et son sens plus récent (« homme supérieur »).
3. Combattre, rivaliser.

Est-il rien de plus bizarre que ma destinée ! fils de je ne sais pas qui ; volé par des bandits, élevé dans leurs mœurs, je m'en dégoûte et veux courir une carrière honnête ; et partout je suis repoussé ! J'apprends la chimie, la pharmacie, la chirurgie, et tout le crédit d'un grand seigneur peut à peine me mettre à la main une lancette[4] vétérinaire ! Las d'attrister des bêtes malades, et pour faire un métier contraire, je me jette à corps perdu dans le théâtre ; me fussé-je mis une pierre au cou ! Je broche[5] une comédie dans[6] les mœurs du sérail[7] ; auteur espagnol, je crois pouvoir y fronder[8] Mahomet sans scrupule : à l'instant un envoyé… de je ne sais où se plaint que j'offense dans mes vers la Sublime Porte[9], la Perse, une partie de la presqu'île de l'Inde, toute l'Égypte, les royaumes de Barca[10], de Tripoli, de Tunis, d'Alger et de Maroc : et voilà ma comédie flambée, pour plaire aux princes mahométans, dont pas un, je crois, ne sait lire, et qui nous meurtrissent l'omoplate, en nous disant : « chiens de chrétiens » ! Ne pouvant avilir l'esprit, on se venge en le maltraitant. Mes joues creusaient[11] ; mon terme était échu[12] ; je voyais de loin arriver l'affreux recors[13], la plume fichée dans sa perruque ; en frémissant je m'évertue[14]. Il s'élève une question[15] sur la nature des richesses ; et comme il n'est pas nécessaire de tenir[16] les choses pour en raisonner, n'ayant pas un sou, j'écris sur la valeur de l'argent et sur son produit net[17] ; sitôt je vois, du fond d'un fiacre, baisser pour moi le pont d'un château fort, à l'entrée duquel je laissai l'espérance et la liberté[18]. (*Il se lève.*) Que je voudrais bien tenir un de ces puissants de quatre jours[19], si légers sur le mal qu'ils ordonnent, quand une bonne disgrâce a cuvé son orgueil ! je lui dirais… que les sottises imprimées n'ont d'importance qu'aux lieux où l'on en gêne le cours ; que sans la liberté de

4. Petit instrument chirurgical coupant.
5. Rédige hâtivement.
6. Sur les.
7. Harem.
8. Critiquer, railler.
9. La Turquie.
10. Actuelle Libye.
11. Se creusaient.
12. Je devais payer mon loyer.
13. Assistant d'un huissier.
14. Je me démène.
15. Un débat.
16. Posséder.
17. Le bénéfice.
18. Référence à l'emprisonnement de Beaumarchais, et allusion à un vers de Dante évoquant l'inscription sur la porte de l'Enfer : « Laissez toute espérance, vous qui entrez » (*La Divine Comédie*, « Enfer », chant III, v. 9).
19. Ministres éphémères.

blâmer, il n'est point d'éloge flatteur ; et qu'il n'y a que les petits hommes qui redoutent les petits écrits. (*Il se rassied.*) Las de nourrir un obscur pensionnaire, on me met un jour dans la rue ; et comme il faut dîner, quoiqu'on ne soit plus en prison, je taille encore ma plume et demande à chacun de quoi il est question : on me dit que pendant ma retraite économique[1], il s'est établi dans Madrid un système de liberté sur la vente des productions, qui s'étend même à celles de la presse ; et que, pourvu que je ne parle en mes écrits, ni de l'autorité, ni du culte, ni de la politique, ni de la morale, ni des gens en place, ni des corps en crédit[2], ni de l'opéra, ni des autres spectacles, ni de personne qui tienne à quelque chose, je puis tout imprimer librement, sous l'inspection de deux ou trois censeurs. Pour profiter de cette douce liberté, j'annonce un écrit périodique, et croyant n'aller sur les brisées[3] d'aucun autre, je le nomme *Journal inutile*. Pou-ou ! je vois s'élever contre moi mille pauvres diables à la feuille[4] ; on me supprime[5] ; et me voilà derechef sans emploi ! Le désespoir m'allait saisir ; on pense à moi pour une place, mais par malheur j'y étais propre[6] : il fallait un calculateur, ce fut un danseur qui l'obtint. Il ne me restait plus qu'à voler ; je me fais banquier de pharaon[7] : alors, bonnes gens ! je soupe en ville, et les personnes dites « comme il faut » m'ouvrent poliment leur maison, en retenant pour elles les trois quarts du profit. J'aurais bien pu me remonter[8] ; je commençais même à comprendre que pour gagner du bien, le savoir-faire vaut mieux que le savoir. Mais comme chacun pillait autour de moi, en exigeant que je fusse honnête, il fallut bien périr encore. Pour le coup je quittais le monde, et vingt brasses[9] d'eau m'en allaient séparer, lorsqu'un dieu bienfaisant m'appelle à mon premier état[10]. Je reprends ma

1. Euphémisme désignant l'emprisonnement.
2. Institutions influentes.
3. Entrer en concurrence avec quelqu'un sur un terrain qu'il s'est réservé.
4. *Péjoratif*. Journalistes.
5. On interdit la parution de mon journal.
6. Apte.
7. Jeu de cartes, où le « banquier » jouait seul contre plusieurs.
8. Regagner l'argent perdu au jeu.
9. La brasse valait cinq pieds, c'est-à-dire un mètre soixante environ.
10. Métier.

trousse et mon cuir anglais[11] ; puis, laissant la fumée aux sots qui s'en nourrissent, et la honte au milieu du chemin comme trop lourde à un piéton, je vais rasant de ville en ville, et je vis enfin sans souci. Un grand seigneur passe à Séville[12] ; il me reconnaît, je le marie ; et pour prix d'avoir eu par mes soins son épouse, il veut intercepter la mienne ! intrigue, orage à ce sujet. Prêt à tomber dans un abîme, au moment d'épouser ma mère, mes parents m'arrivent à la file[13]. (*Il se lève en s'échauffant.*) On se débat ; c'est vous, c'est lui, c'est moi, c'est toi ; non, ce n'est pas nous ; eh ! mais qui donc ? (*Il retombe assis.*) Ô bizarre suite d'événements ! Comment cela m'est-il arrivé ? Pourquoi ces choses et non pas d'autres ? Qui les a fixées sur ma tête ? Forcé de parcourir la route où je suis entré sans le savoir, comme j'en sortirai sans le vouloir, je l'ai jonchée d'autant de fleurs que ma gaieté me l'a permis ; encore je dis ma gaieté sans savoir si elle est à moi plus que le reste, ni même quel est ce Moi dont je m'occupe : un assemblage informe de parties inconnues ; puis un chétif être imbécile[14] ; un petit animal folâtre ; un jeune homme ardent au plaisir, ayant tous les goûts pour jouir, faisant tous les métiers pour vivre ; maître ici, valet là, selon qu'il plaît à la fortune[15] ! ambitieux par vanité, laborieux par nécessité ; mais paresseux… avec délices ! orateur selon le danger ; poète par délassement ; musicien par occasion ; amoureux par folles bouffées ; j'ai tout vu, tout fait, tout usé. Puis l'illusion s'est détruite, et, trop désabusé… Désabusé !… Suzon, Suzon, Suzon ! que tu me donnes de tourments !… J'entends marcher… on vient. Voici l'instant de la crise[16].

Il se retire près de la première coulisse à sa droite.

11. La trousse contient le nécessaire du barbier et le cuir sert à aiguiser le rasoir.
12. Allusion au *Barbier de Séville*.
13. L'un après l'autre.
14. Faible.
15. Sort, destinée.
16. Moment d'un choix crucial à l'approche du dénouement.

Imbroglio et quiproquos

Dans la nuit, sous les grands marronniers, l'acte V enchaîne travestissements, méprises, quiproquos et révélations sur un rythme étourdissant qui maintient la tension jusqu'au dénouement, et qui témoigne, là encore, de l'utilisation ludique et virtuose de l'espace théâtral. ■

■ Scène 4

FIGARO, LA COMTESSE AVEC LES HABITS DE SUZON ; SUZANNE *avec ceux de la comtesse,* MARCELINE

SUZANNE, *bas à la comtesse.* – Oui, Marceline m'a dit que Figaro y serait.

MARCELINE. – Il y est aussi[1] ; baisse la voix.

SUZANNE. – Ainsi l'un nous écoute et l'autre va venir me chercher ; commençons.

MARCELINE. – Pour n'en pas perdre un mot, je vais me cacher dans le pavillon.

Elle entre dans le pavillon où est entrée Fanchette.

■ Scène 5

FIGARO, LA COMTESSE, SUZANNE

SUZANNE, *haut.* – Madame tremble ! est-ce qu'elle aurait froid ?

LA COMTESSE, *haut.* – La soirée est humide, je vais me retirer.

SUZANNE, *haut.* – Si Madame n'avait pas besoin de moi, je prendrais l'air un moment, sous ces arbres.

LA COMTESSE, *haut.* – C'est le serein[2] que tu prendras.

SUZANNE, *haut.* – J'y suis toute faite.

1. Effectivement.
2. L'humidité de la tombée de la nuit.

FIGARO, *à part.* – Ah ! oui, le serein !

Suzanne se retire près de la coulisse, du côté opposé à Figaro.

Scène 6

FIGARO, CHÉRUBIN, LE COMTE, LA COMTESSE, SUZANNE

Figaro et Suzanne retirés de chaque côté sur le devant.

CHÉRUBIN, *en habit d'officier, arrive en chantant gaiement la reprise de l'air de la romance.* – La, la, la, etc.

J'avais une marraine,
Que toujours adorai.

LA COMTESSE, *à part.* – Le petit page !

CHÉRUBIN *s'arrête.* – On se promène ici ; gagnons vite mon asile, où la petite Fanchette… C'est une femme !

LA COMTESSE *écoute.* – Ah grands dieux !

CHÉRUBIN *se baisse en regardant de loin.* – Me trompé-je ? à cette coiffure en plumes qui se dessine au loin dans le crépuscule, il me semble que c'est Suzon.

LA COMTESSE, *à part.* – Si le comte arrivait !…

Le comte paraît dans le fond.

CHÉRUBIN *s'approche et prend la main de la comtesse, qui se défend.* – Oui, c'est la charmante fille qu'on nomme Suzanne : eh ! pourrais-je m'y méprendre à la douceur de

cette main, à ce petit tremblement qui l'a saisie, surtout au battement de son cœur !
Il veut y appuyer le dos de la main de la comtesse ; elle la retire.

LA COMTESSE, *bas.* – Allez-vous-en.

CHÉRUBIN. – Si la compassion t'avait conduite exprès dans cet endroit du parc où je suis caché depuis tantôt ?…

LA COMTESSE. – Figaro va venir.

LE COMTE, *s'avançant, dit à part.* – N'est-ce pas Suzanne que j'aperçois ?

CHÉRUBIN, *à la comtesse.* – Je ne crains point du tout Figaro, car ce n'est pas lui que tu attends.

LA COMTESSE. – Qui donc ?

LE COMTE, *à part.* – Elle est avec quelqu'un.

CHÉRUBIN. – C'est Monseigneur, friponne, qui t'a demandé ce rendez-vous ce matin, quand j'étais derrière le fauteuil.

LE COMTE, *à part, avec fureur.* – C'est encore le page infernal !

FIGARO, *à part.* – On dit qu'il ne faut pas écouter !

SUZANNE, *à part.* – Petit bavard !

LA COMTESSE, *au page.* – Obligez-moi[1] de vous retirer.

CHÉRUBIN. – Ce ne sera pas au moins sans avoir reçu le prix de mon obéissance.

LA COMTESSE, *effrayée.* – Vous prétendez ?…

1. Ayez l'obligeance.

CHÉRUBIN, *avec feu.* – D'abord vingt baisers, pour ton compte, et puis cent pour ta belle maîtresse.

LA COMTESSE. – Vous oseriez ?

CHÉRUBIN. – Oh ! que oui, j'oserai ; tu prends sa place auprès de Monseigneur ; moi celle du comte auprès de toi ; le plus attrapé, c'est Figaro.

FIGARO, *à part.* – Ce brigandeau[2] !

SUZANNE, *à part.* – Hardi comme un page.

Chérubin veut embrasser la comtesse ; le comte se met entre deux et reçoit le baiser.

LA COMTESSE, *se retirant.* – Ah ! Ciel !

FIGARO, *à part, entendant le baiser.* – J'épousais une jolie mignonne !

Il écoute.

CHÉRUBIN, *tâtant les habits du comte ; à part.* – C'est Monseigneur !

Il s'enfuit dans le pavillon où sont entrées Fanchette et Marceline.

Scène 7

FIGARO, LE COMTE, LA COMTESSE, SUZANNE

FIGARO *s'approche.* – Je vais…

LE COMTE, *croyant parler au page.* – Puisque vous ne redoublez[3] pas le baiser…

Il croit lui donner un soufflet.

2. Petit brigand.
3. Renouvelez.

FIGARO, *qui est à portée, le reçoit.* – Ah !

LE COMTE. – … Voilà toujours le premier payé.

FIGARO *s'éloigne en se frottant la joue ; à part.* – Tout n'est pas gain non plus en écoutant.

SUZANNE, *riant tout haut de l'autre côté.* – Ah ! ah ! ah ! ah !

LE COMTE, *à la comtesse qu'il prend pour Suzanne.* – Entend-on quelque chose à ce page ? il reçoit le plus rude soufflet et s'enfuit en éclatant de rire.

FIGARO, *à part.* – S'il s'affligeait de celui-ci !…

LE COMTE. – Comment ! je ne pourrai faire un pas[1]… (*À la comtesse.*) Mais laissons cette bizarrerie ; elle empoisonnerait le plaisir que j'ai de te trouver dans cette salle.

LA COMTESSE, *imitant le parler de Suzanne.* – L'espériez-vous ?

LE COMTE. – Après ton ingénieux billet ! (*Il lui prend la main.*) Tu trembles ?

LA COMTESSE. – J'ai eu peur.

LE COMTE. – Ce n'est pas pour te priver du baiser que je l'ai pris.

Il la baise au front.

LA COMTESSE. – Des libertés !

FIGARO, *à part.* – Coquine !

SUZANNE, *à part.* – Charmante !

LE COMTE *prend la main de sa femme.* – Mais quelle peau fine et douce, et qu'il s'en faut que la comtesse ait la main aussi belle !

1. Sous-entendu : …. sans tomber sur Chérubin.

La Comtesse, *à part.* – Oh ! la prévention[2] !

Le Comte. – A-t-elle ce bras ferme et rondelet ? ces jolis doigts pleins de grâce et d'espièglerie ?

La Comtesse, *de la voix de Suzanne.* – Ainsi l'amour ?...

Le Comte. – L'amour... n'est que le roman du cœur : c'est le plaisir qui en est l'histoire ; il m'amène à tes genoux.

La Comtesse. – Vous ne l'aimez plus ?

Le Comte. – Je l'aime beaucoup ; mais trois ans d'union rendent l'hymen[3] si respectable !

La Comtesse. – Que vouliez-vous en elle ?

Le Comte, *la caressant.* – Ce que je trouve en toi, ma beauté...

La Comtesse. – Mais dites donc.

Le Comte. – ... Je ne sais : moins d'uniformité peut-être, plus de piquant[4] dans les manières ; un je ne sais quoi qui fait le charme ; quelquefois un refus, que sais-je ? Nos femmes croient tout accomplir en nous aimant : cela dit une fois, elles nous aiment, nous aiment ! (quand elles nous aiment), et sont si complaisantes et si constamment obligeantes, et toujours, et sans relâche, qu'on est tout surpris un beau soir de trouver la satiété[5] où l'on recherchait le bonheur !

La Comtesse, *à part.* – Ah ! quelle leçon !

Le Comte. – En vérité, Suzon, j'ai pensé mille fois que si nous poursuivons ailleurs ce plaisir qui nous fuit chez elles,

2. Préjugé.
3. Mariage.
4. Charme qui stimule l'intérêt.
5. Ici, lassitude.

c'est qu'elles n'étudient pas assez l'art de soutenir notre goût, de se renouveler à l'amour, de ranimer, pour ainsi dire, le charme de leur possession par celui de la variété.

LA COMTESSE, *piquée.* – Donc elles doivent tout ?…

LE COMTE, *riant.* – Et l'homme rien ? Changerons-nous la marche de la nature ? notre tâche à nous fut de les obtenir : la leur…

LA COMTESSE. – La leur ?…

LE COMTE. – Est de nous retenir : on l'oublie trop.

LA COMTESSE. – Ce ne sera pas moi[1].

LE COMTE. – Ni moi.

FIGARO, *à part.* – Ni moi.

SUZANNE, *à part.* – Ni moi.

LE COMTE *prend la main de sa femme.* – Il y a de l'écho ici ; parlons plus bas. Tu n'as nul besoin d'y songer, toi que l'amour a faite et si vive et si jolie ! avec un grain de caprice tu seras la plus agaçante[2] maîtresse ! (*Il la baise au front.*) Ma Suzanne, un Castillan n'a que sa parole. Voici tout l'or promis pour le rachat du droit que je n'ai plus sur le délicieux moment que tu m'accordes. Mais comme la grâce que tu daignes y mettre est sans prix, j'y joindrai ce brillant[3], que tu porteras pour l'amour de moi.

LA COMTESSE, *une révérence.* – Suzanne accepte tout.

FIGARO, *à part.* – On n'est pas plus coquine que cela.

SUZANNE, *à part.* – Voilà du bon bien qui nous arrive.

1. Sous-entendu : … qui l'oublierai.
2. Aguichante.
3. Ce diamant.

LE COMTE, *à part.* – Elle est intéressée ; tant mieux.

LA COMTESSE *regarde au fond.* – Je vois des flambeaux.

LE COMTE. – Ce sont les apprêts de ta noce : entrons-nous un moment dans l'un de ces pavillons pour les laisser passer ?

LA COMTESSE. – Sans lumière ?

LE COMTE *l'entraîne doucement.* – À quoi bon ? nous n'avons rien à lire.

FIGARO, *à part.* – Elle y va, ma foi ! Je m'en doutais.

Il s'avance.

LE COMTE *grossit sa voix en se retournant.* – Qui passe ici ?

FIGARO, *en colère.* – Passer ! on vient exprès.

LE COMTE, *bas, à la comtesse.* – C'est Figaro !…

Il s'enfuit.

LA COMTESSE. – Je vous suis.

Elle entre dans le pavillon à sa droite, pendant que le comte se perd dans le bois, au fond.

■ Scène 8

FIGARO, SUZANNE, *dans l'obscurité.*

FIGARO *cherche à voir où vont le comte et la comtesse, qu'il prend pour Suzanne.* – Je n'entends plus rien ; ils sont entrés ; m'y voilà. (*D'un ton altéré.*) Vous autres époux maladroits, qui tenez des espions à gages[1], et tournez des mois entiers autour d'un soupçon sans l'asseoir[2], que ne m'imitez-vous ? Dès le premier jour je suis ma femme, et je l'écoute ; en un tour de main on est au fait : c'est charmant, plus de doutes ; on sait à quoi s'en tenir. (*Marchant vivement.*) Heureusement que je ne m'en soucie guère, et que sa trahison ne me fait plus rien du tout. Je les tiens donc enfin !

SUZANNE, *qui s'est avancée doucement dans l'obscurité (À part).* – Tu vas payer tes beaux soupçons. (*Du ton de voix de la comtesse.*) Qui va là ?

FIGARO, *extravagant*[3]. – Qui va là ? Celui qui voudrait de bon cœur que la peste eût étouffé en naissant…

SUZANNE, *du ton de la comtesse.* – Eh ! mais, c'est Figaro !

FIGARO *regarde, et dit vivement.* – Madame la comtesse !

SUZANNE. – Parlez bas.

FIGARO, *vite.* – Ah ! Madame, que le Ciel vous amène à propos ! Où croyez-vous qu'est Monseigneur ?

SUZANNE. – Que m'importe un ingrat ? Dis-moi…

FIGARO, *plus vite.* – Et Suzanne mon épousée, où croyez-vous qu'elle soit ?

SUZANNE. – Mais parlez bas !

FIGARO, *très vite.* – Cette Suzon qu'on croyait si vertueuse, qui faisait la réservée ! Ils sont enfermés là-dedans. Je vais appeler.

1. Qui payez des espions.
2. Sans le fonder sur des preuves solides.
3. Hors de lui.

Suzanne, *lui fermant la bouche avec sa main, oublie de déguiser sa voix.* – N'appelez pas.

Figaro, *à part.* – Eh c'est Suzon ! *God-dam !*

Suzanne, *du ton de la comtesse.* – Vous paraissez inquiet.

Figaro, *à part.* – Traîtresse ! qui veut me surprendre !

Suzanne. – Il faut nous venger, Figaro.

Figaro. – En sentez-vous le vif désir ?

Suzanne. – Je ne serais donc pas de mon sexe ! Mais les hommes en ont cent moyens.

Figaro, *confidemment.* – Madame, il n'y a personne ici de trop. Celui des femmes… les vaut tous.

Suzanne, *à part.* – Comme je le souffletterais !

Figaro, *à part.* – Il serait bien gai qu'avant la noce !…

Suzanne. – Mais qu'est-ce qu'une telle vengeance, qu'un peu d'amour n'assaisonne pas ?

Figaro. – Partout où vous n'en voyez point, croyez que le respect dissimule.

Suzanne, *piquée.* – Je ne sais si vous le pensez de bonne foi, mais vous ne le dites pas de bonne grâce.

Figaro, *avec une chaleur comique, à genoux.* – Ah ! Madame, je vous adore. Examinez le temps, le lieu, les circonstances, et que le dépit supplée en vous aux grâces qui manquent à ma prière.

Suzanne, *à part.* – La main me brûle !

FIGARO, *à part.* – Le cœur me bat.

SUZANNE. – Mais, Monsieur, avez-vous songé ?…

FIGARO. – Oui, Madame, oui, j'ai songé.

SUZANNE. – … Que pour la colère et l'amour…

FIGARO. – … Tout ce qui se diffère est perdu. Votre main, Madame ?

SUZANNE, *de sa voix naturelle et lui donnant un soufflet.* – La voilà.

FIGARO. – Ah ! *demonio*[1] ! quel soufflet !

SUZANNE *lui en donne un second.* – Quel soufflet ! Et celui-ci ?

FIGARO. – Eh *qu'es aquo*[2] ! de par le diable ! est-ce ici la journée des tapes ?

SUZANNE *le bat à chaque phrase.* – Ah ! *qu'es aquo* ? Suzanne : voilà pour tes soupçons ; voilà pour tes vengeances et pour tes trahisons, tes expédients, tes injures et tes projets. C'est-il çà de l'amour ? dis donc comme ce matin ?

FIGARO *rit en se relevant.* – *Santa Barbara* ! oui c'est de l'amour. Ô bonheur ! ô délices ! ô cent fois heureux Figaro ! Frappe, ma bien-aimée, sans te lasser. Mais quand tu m'auras diapré[4] tout le corps de meurtrissures, regarde avec bonté, Suzon, l'homme le plus fortuné[5] qui fut jamais battu par une femme.

SUZANNE. – « Le plus fortuné ! » Bon fripon, vous n'en séduisiez pas moins la comtesse, avec un si trompeur babil[6], que m'oubliant moi-même, en vérité, c'était pour elle que je cédais.

1. Diable! (juron italien).
2. Qu'est-ce que c'est ? (interrogation occitane).
3. *Péjoratif.* Moyens de se tirer d'embarras.
4. Marqué.
5. Chanceux.
6. Bavardage.

FIGARO. – Ai-je pu me méprendre, au son de ta jolie voix ?

SUZANNE, *en riant.* – Tu m'as reconnue ? Ah ! comme je m'en vengerai !

FIGARO. – Bien rosser et garder rancune est aussi par trop féminin ! Mais dis-moi donc par quel bonheur je te vois là, quand je te croyais avec lui ; et comment cet habit, qui m'abusait, te montre enfin innocente…

SUZANNE. – Eh ! c'est toi qui es un innocent, de venir te prendre au piège apprêté pour un autre ! Est-ce notre faute à nous, si voulant museler un renard, nous en attrapons deux ?

FIGARO. – Qui donc prend l'autre ?

SUZANNE. – Sa femme.

FIGARO. – Sa femme ?

SUZANNE. – Sa femme.

FIGARO, *follement.* – Ah ! Figaro ! pends-toi ; tu n'as pas deviné celui-là[7] ! Sa femme ? Ô douze ou quinze mille fois spirituelles femelles ! Ainsi les baisers de cette salle[8]… ?

SUZANNE. – Ont été donnés à Madame.

FIGARO. – Et celui du page ?

SUZANNE, *riant.* – À Monsieur.

FIGARO. – Et tantôt, derrière le fauteuil ?

SUZANNE. – À personne.

7. Cela, ce tour-là.
8. L'intérieur du pavillon.

FIGARO. – En êtes-vous sûre ?

SUZANNE, *riant.* – Il pleut des soufflets[1], Figaro.

FIGARO *lui baise la main.* – Ce sont des bijoux que les tiens. Mais celui du comte était de bonne guerre.

SUZANNE. – Allons, superbe[2] ! humilie-toi.

FIGARO *fait tout ce qu'il annonce.* – Cela est juste ; à genoux, bien courbé, prosterné, ventre à terre.

SUZANNE, *en riant.* – Ah ! ce pauvre comte ! quelle peine il s'est donnée…

FIGARO *se relève sur ses genoux.* – … Pour faire la conquête de sa femme !

Scène 9

LE COMTE *entre par le fond du théâtre et va droit au pavillon à sa droite.* FIGARO, SUZANNE

LE COMTE, *à lui-même.* – Je la cherche en vain dans le bois, elle est peut-être entrée ici.

SUZANNE, *à Figaro, parlant bas.* – C'est lui.

LE COMTE, *ouvrant le pavillon.* – Suzon, es-tu là-dedans ?

FIGARO, *bas.* – Il la cherche, et moi je croyais…

SUZANNE, *bas.* – Il ne l'a pas reconnue.

1. Tu risques encore de recevoir des soufflets.
2. Orgueilleux (parodie du registre tragique).

FIGARO. – Achevons-le, veux-tu ?

Il lui baise la main.

LE COMTE *se retourne.* – Un homme aux pieds de la comtesse !... Ah ! je suis sans armes.

Il s'avance.

FIGARO *se relève tout à fait en déguisant sa voix.* – Pardon, madame, si je n'ai pas réfléchi que ce rendez-vous ordinaire était destiné pour la noce.

LE COMTE, *à part.* – C'est l'homme du cabinet de ce matin.

Il se frappe le front.

FIGARO *continue.* – Mais il ne sera pas dit qu'un obstacle aussi sot aura retardé nos plaisirs.

LE COMTE, *à part.* – Massacre, mort, enfer !

FIGARO, *la conduisant au cabinet.* – (*Bas.*) Il jure. (*Haut.*) Pressons-nous donc, madame, et réparons le tort qu'on nous a fait tantôt, quand j'ai sauté par la fenêtre.

LE COMTE, *à part.* – Ah ! tout se découvre enfin.

SUZANNE, *près du pavillon à sa gauche.* – Avant d'entrer, voyez si personne n'a suivi.

Il la baise au front.

LE COMTE *s'écrie.* – Vengeance !

Suzanne s'enfuit dans le pavillon
où sont entrés Fanchette, Marceline et Chérubin.

Scène 10

LE COMTE, FIGARO

(Le comte saisit le bras de Figaro.)

FIGARO, *jouant la frayeur excessive.* – C'est mon maître !

LE COMTE *le reconnaît.* – Ah ! scélérat, c'est toi ! Holà ! quelqu'un, quelqu'un !

Scène 11

PÉDRILLE, LE COMTE, FIGARO

PÉDRILLE, *botté.* – Monseigneur, je vous trouve enfin.

LE COMTE. – Bon, c'est Pédrille. Es-tu tout seul ?

PÉDRILLE. – Arrivant de Séville à étripe-cheval[1].

LE COMTE. – Approche-toi de moi, et crie bien fort !

PÉDRILLE, *criant à tue-tête.* – Pas plus de page que sur ma main. Voilà le paquet[2].

LE COMTE *le repousse.* – Eh ! l'animal !

PÉDRILLE. – Monseigneur me dit de crier.

LE COMTE, *tenant toujours Figaro.* – Pour appeler. Holà ! quelqu'un ! si l'on m'entend, accourez tous !

PÉDRILLE. – Figaro et moi, nous voilà deux ; que peut-il donc vous arriver ?

1. À très vive allure.
2. Contenant le brevet de Chérubin.

■ Scène 12

LES ACTEURS PRÉCÉDENTS, BRID'OISON, BARTHOLO, BAZILE, ANTONIO, GRIPPE-SOLEIL, *toute la noce accourt avec des flambeaux.*

BARTHOLO, *à Figaro.* – Tu vois qu'à ton premier signal…

LE COMTE, *montrant le pavillon à sa gauche.* – Pédrille, empare-toi de cette porte.

Pédrille y va.

BAZILE, *bas à Figaro.* – Tu l'as surpris avec Suzanne.

LE COMTE, *montrant Figaro.* – Et vous, tous mes vassaux, entourez-moi cet homme et m'en répondez sur la vie.

BAZILE. – Ha ! Ha !

LE COMTE, *furieux.* – Taisez-vous donc ! (*À Figaro, d'un ton glacé :*) Mon cavalier[3], répondez-vous à mes questions ?

FIGARO, *froidement.* – Eh ! qui pourrait m'en exempter, Monseigneur ? Vous commandez à tout ici, hors à vous-même.

LE COMTE, *se contenant.* – Hors à moi-même !

ANTONIO. – C'est ça parler.

LE COMTE *reprenant sa colère.* – Non, si quelque chose pouvait augmenter ma fureur ! ce serait l'air calme qu'il affecte !

FIGARO. – Sommes-nous des soldats qui tuent et se font tuer pour des intérêts qu'ils ignorent ? Je veux savoir, moi, pourquoi je me fâche.

3. Titre ironique ici.

LE COMTE, *hors de lui.* – Ô rage ! (*Se contenant.*) Homme de bien qui feignez d'ignorer ! nous ferez-vous au moins la faveur de nous dire quelle est la dame actuellement par vous amenée dans ce pavillon ?

FIGARO, *montrant l'autre avec malice.* – Dans celui-là ?

LE COMTE, *vite.* – Dans celui-ci.

FIGARO, *froidement.* – C'est différent. Une jeune personne qui m'honore de ses bontés particulières.

BAZILE, *étonné.* – Ha ! Ha !

LE COMTE, *vite.* – Vous l'entendez, messieurs.

BARTHOLO, *étonné.* – Nous l'entendons ?

LE COMTE, *à Figaro.* – Et cette jeune personne a-t-elle un autre engagement que vous sachiez ?

FIGARO, *froidement.* – Je sais qu'un grand seigneur s'en est occupé quelque temps : mais, soit qu'il l'ait négligée ou que je lui plaise mieux qu'un plus aimable, elle me donne aujourd'hui la préférence.

LE COMTE, *vivement.* – La préf… (*Se contenant.*) Au moins il est naïf ! car ce qu'il avoue, messieurs, je l'ai ouï, je vous jure, de la bouche même de sa complice.

BRID'OISON, *stupéfait.* – Sa-a complice !

LE COMTE, *avec fureur.* – Or, quand le déshonneur est public, il faut que la vengeance le soit aussi.

Il entre dans le pavillon.

Scène 13

TOUS LES ACTEURS PRÉCÉDENTS, *hors* LE COMTE

ANTONIO. – C'est juste.

BRID'OISON, *à Figaro.* – Qui-i donc a pris la femme de l'autre ?

FIGARO, *en riant.* – Aucun n'a eu cette joie-là.

Scène 14

LES ACTEURS PRÉCÉDENTS, LE COMTE, CHÉRUBIN

LE COMTE, *parlant dans le pavillon, et attirant quelqu'un qu'on ne voit pas encore.* – Tous vos efforts sont inutiles ; vous êtes perdue, madame, et votre heure est bien arrivée ! (*Il sort sans regarder.*) Quel bonheur qu'aucun gage d'une union aussi détestée…

FIGARO *s'écrie.* – Chérubin !

LE COMTE. – Mon page ?

BAZILE. – Ha ! ha !

LE COMTE, *hors de lui, à part.* – Et toujours le page endiablé ! (*À Chérubin :*) Que faisiez-vous dans ce salon ?

CHÉRUBIN, *timidement.* – Je me cachais, comme vous l'avez ordonné.

PÉDRILLE. – Bien la peine de crever un cheval !

LE COMTE. – Entres-y, toi, Antonio ; conduis devant son juge l'infâme qui m'a déshonoré.

BRID'OISON. – C'est Madame que vous y-y cherchez ?

ANTONIO. – L'y a, parguenne une bonne Providence ! Vous en avez tant fait dans le pays[1]...

LE COMTE, *furieux.* – Entre donc !

Antonio entre.

Scène 15

LES ACTEURS PRÉCÉDENTS, *excepté* ANTONIO

LE COMTE. – Vous allez voir, messieurs, que le page n'y était pas seul.

CHÉRUBIN, *timidement.* – Mon sort eût été trop cruel, si quelque âme sensible n'en eût adouci l'amertume.

Scène 16

LES ACTEURS PRÉCÉDENTS, ANTONIO, FANCHETTE

ANTONIO, *attirant par le bras quelqu'un qu'on ne voit pas encore.* – Allons, madame, il ne faut pas vous faire prier pour en sortir, puisqu'on sait que vous y êtes entrée.

FIGARO *s'écrie.* – La petite cousine !

1. Allusion aux abus libertins de Comte.

BAZILE. – Ha ! ha !

LE COMTE. – Fanchette !

ANTONIO *se retourne et s'écrie.* – Ah ! palsambleu[2], Monseigneur, il est gaillard[3] de me choisir pour montrer à la compagnie que c'est ma fille qui cause tout ce train-là !

LE COMTE, *outré.* – Qui la savait là-dedans ?

Il veut rentrer.

BARTHOLO, *au devant.* – Permettez, monsieur le comte, ceci n'est pas plus clair. Je suis de sang-froid, moi.

Il entre.

BRID'OISON. – Voilà une affaire au-aussi trop embrouillée.

■ Scène 17

LES ACTEURS PRÉCÉDENTS, MARCELINE

BARTHOLO, *parlant en dedans, et sortant.* – Ne craignez rien, madame, il ne vous sera fait aucun mal. J'en réponds. (*Il se retourne et s'écrie :*) Marceline !...

BAZILE. – Ha, Ha !

FIGARO, *riant.* – Eh ! quelle folie ! ma mère en est ?

ANTONIO. – À qui pis fera[4].

LE COMTE, *outré.* – Que m'importe à moi ? La comtesse...

2. Juron (déformation de *Par le sang de Dieu*).
3. C'est un peu fort.
4. C'est à qui fera le pire.

Scène 18

LES ACTEURS PRÉCÉDENTS, SUZANNE
(Suzanne, son éventail sur le visage.)

LE COMTE. – … Ah ! la voici qui sort. (*Il la prend violemment par le bras.*) Que croyez-vous, messieurs, que mérite une odieuse…

Suzanne se jette à genoux, la tête baissée.

LE COMTE, *fort.* – Non, non. (*Figaro se jette à genoux de l'autre côté.*)

LE COMTE, *plus fort.* – Non, non ! (*Marceline se jette à genoux devant lui.*)

LE COMTE, *plus fort.* – Non, non ! (*Tous se mettent à genoux, excepté Brid'oison.*)

LE COMTE, *hors de lui.* –Y fussiez-vous un cent[1] !

Scène 19

TOUS LES ACTEURS PRÉCÉDENTS ; LA COMTESSE
sort de l'autre pavillon.

LA COMTESSE *se jette à genoux.* – Au moins je ferai nombre.

LE COMTE, *regardant la comtesse et Suzanne.* – Ah ! qu'est-ce que je vois !

BRID'OISON, *riant.* – Et pardi, c'è-est Madame.

1. Quand bien même vous seriez cent à me supplier.

LE COMTE *veut relever la comtesse.* – Quoi, c'était vous, comtesse ? (*D'un ton suppliant.*) Il n'y a qu'un pardon bien généreux…

LA COMTESSE, *en riant.* – Vous diriez « Non, non », à ma place ; et moi, pour la troisième fois d'aujourd'hui, je l'accorde sans condition.

Elle se relève.

SUZANNE *se relève.* – Moi aussi.

MARCELINE *se relève.* – Moi aussi.

FIGARO *se relève.* – Moi aussi ; il y a de l'écho ici !

Tous se relèvent.

LE COMTE. – De l'écho ! J'ai voulu ruser avec eux ; ils m'ont traité comme un enfant !

LA COMTESSE, *en riant.* – Ne le regrettez pas, monsieur le comte.

FIGARO, *s'essuyant les genoux avec son chapeau.* – Une petite journée comme celle-ci forme bien un ambassadeur !

LE COMTE, *à Suzanne.* – Ce billet fermé d'une épingle ?…

SUZANNE. – C'est Madame qui l'avait dicté.

LE COMTE. – La réponse lui en est bien due.

Il baise la main de la comtesse.

LA COMTESSE. – Chacun aura ce qui lui appartient.

Elle donne la bourse à Figaro et le diamant à Suzanne.

SUZANNE, *à Figaro.* – Encore une dot.

FIGARO, *frappant la bourse dans sa main.* – Et de trois. Celle-ci fut rude à arracher !

SUZANNE. – Comme notre mariage.

GRIPPE-SOLEIL. – Et la jarretière de la mariée, l'aurons-je[1] ?

LA COMTESSE *arrache le ruban qu'elle a tant gardé dans son sein, et le jette à terre.* – La jarretière ? Elle était avec ses habits ; la voilà.

Les garçons de la noce veulent la ramasser.

CHÉRUBIN, *plus alerte, court la prendre, et dit.* – Que celui qui la veut vienne me la disputer.

LE COMTE, *en riant, au page.* – Pour un monsieur si chatouilleux, qu'avez-vous trouvé de gai à certain soufflet de tantôt ?

CHÉRUBIN *recule en tirant à moitié son épée.* – À moi, mon colonel ?

FIGARO, *avec une colère comique.* – C'est sur ma joue qu'il l'a reçu : voilà comme les grands font justice !

LE COMTE, *riant.* – C'est sur sa joue ? Ah, ah, ah, qu'en dites-vous donc, ma chère comtesse ?

LA COMTESSE, *absorbée, revient à elle, et dit avec sensibilité.* – Ah ! oui, cher comte, et pour la vie, sans distraction, je vous le jure.

LE COMTE, *frappant sur l'épaule du juge.* – Et vous, don Brid'oison, votre avis maintenant ?

1. *Patois.* L'aurai-je ?

BRID'OISON. – Su-ur tout ce que je vois, monsieur le comte ?... Ma-a foi, pour moi, je-e ne sais que vous dire : voilà ma façon de penser.

TOUS, *ensemble.* – Bien jugé !

FIGARO. – J'étais pauvre, on me méprisait. J'ai montré quelque esprit, la haine est accourue. Une jolie femme et de la fortune[2]...

BARTHOLO, *en riant.* – Les cœurs vont te revenir en foule.

FIGARO. – Est-il possible ?

BARTHOLO. – Je les connais.

FIGARO, *saluant les spectateurs.* – Ma femme et mon bien mis à part, tous me feront honneur et plaisir.

On joue la ritournelle du vaudeville.
Air noté.

VAUDEVILLE

BAZILE

Premier couplet

Triple dot, femme superbe ;
Que de biens pour un époux !
D'un seigneur, d'un page imberbe,
Quelque sot serait jaloux.
Du latin d'un vieux proverbe
L'homme adroit fait son parti.

FIGARO. – Je le sais... (*Il chante.*) *Gaudeant bene nati*[3].

BAZILE. – Non... (*Il chante.*) *Gaudeant bene nanti*[4].

2. Chance.
3. « Que les bien-nés se réjouissent » (formule latine).
4. Fidèle à son habitude, Bazille détourne le proverbe en jouant sur les mots : « Que les bien nantis se réjouissent » (*nanti* n'est pas un mot latin).

SUZANNE

Deuxième couplet

Qu'un mari sa foi trahisse,
Il s'en vante, et chacun rit ;
Que sa femme ait un caprice,
S'il l'accuse on la punit.
De cette absurde injustice
Faut-il dire le pourquoi ?
Les plus forts ont fait la loi…

Bis.

FIGARO

Troisième couplet

Jean Jeannot[1], jaloux risible,
Veut unir femme et repos ;
Il achète un chien terrible,
Et le lâche en son enclos.
La nuit, quel vacarme horrible !
Le chien court, tout est mordu,
Hors l'amant qui l'a vendu…

Bis.

LA COMTESSE

Quatrième couplet

Telle est fière et répond d'elle,
Qui n'aime plus son mari ;
Telle autre, presque infidèle,
Jure de n'aimer que lui.
La moins folle, hélas ! est celle
Qui se veille[2] en son lien,
Sans oser jurer de rien…

Bis.

1. Nom de personnage de fabliau médiéval.
2. Se surveille.

LE COMTE

Cinquième couplet

D'une femme de province
À qui ses devoirs sont chers,
Le succès est assez mince ;
Vive la femme aux bons airs !
Semblable à l'écu du Prince,
Sous le coin[3] d'un seul époux,
Elle sert au bien de tous…

Bis.

MARCELINE

Sixième couplet

Chacun sait la tendre mère,
Dont il a reçu le jour ;
Tout le reste est un mystère,
C'est le secret de l'amour.

FIGARO *continue l'air.*

Ce secret met en lumière
Comment le fils d'un butor[4]
Vaut souvent son pesant d'or…

Bis.

Septième couplet

Par le sort de la naissance,
L'un est roi, l'autre est berger ;
Le hasard fit leur distance ;
L'esprit seul peut tout changer.
De vingt rois que l'on encense,
Le trépas brise l'autel ;
Et Voltaire est immortel…

Bis.

3. Morceau de fer, servant à marquer les monnaies à l'effigie du souverain.
4. Grossier personnage.

Chérubin

Huitième couplet

Sexe aimé, sexe volage,
Qui tourmentez nos beaux jours,
Si de vous chacun dit rage[1],
Chacun vous revient toujours.
Le parterre[2] est votre image ;
Tel paraît le dédaigner,
Qui fait tout pour le gagner…

Bis.

Suzanne

Neuvième couplet

Si ce gai, ce fol ouvrage,
Renfermait quelque leçon,
En faveur du badinage,
Faites grâce à la raison[3].
Ainsi la nature sage
Nous conduit, dans nos désirs,
À son but, par les plaisirs…

Bis.

Brid'oison

Dixième couplet

Or, messieurs, la co-omédie
Que l'on juge en cè-et instant,
Sauf erreur, nous pein-eint la vie
Du bon peuple qui l'entend.
Qu'on l'opprime, il peste, il crie ;
Il s'agite en cent fa-açons ;
Tout fini-it par des chansons…

Bis.

Ballet général

1. Si chacun de vous dit du mal de l'autre.
2. Le public du théâtre.
3. En vertu de l'amusement offert par cette pièce, pardonnez-lui la leçon qu'elle peut comporter.

« Le théâtre est un géant qui blesse à mort tout ce qu'il frappe. »
Préface du Mariage de Figaro

Relire...

La Folle Journée ou

Le Mariage de Figaro

Scènes	Personnages, lieu et action
Acte I : l'exposition des intrigues entrecroisées en un «imbroglio» (La chambre attribuée au couple de serviteurs)	
Scènes 1 et 2	Au matin de leurs noces, Suzanne révèle à Figaro que le Comte Almaviva veut obtenir ses faveurs en échange d'une dot. Figaro se promet de contrecarrer le projet du Comte.
Scènes 3 à 6	Marceline demande à Bartholo, son ancien amant et père de son fils disparu, de l'aider à épouser Figaro, qui a une dette envers elle.
Scènes 7 à 9	Chérubin, amoureux de la Comtesse et jeune séducteur, annonce à Suzanne que le Comte le renvoie pour l'avoir surpris avec Fanchette. Jeu de cache-cache en cascade derrière le fauteuil, entre Chérubin et le Comte, venu courtiser Suzanne.
Scènes 10 et 11	Figaro demande au Comte de remettre publiquement une «toque virginale» à Suzanne, pour confirmer l'abolition officielle de l'ancien «droit du seigneur». Il conseille ensuite àChérubin de se cacher, tout en faisant croire au Comte qu'il est parti.

Acte II : du badinage au vaudeville… une comédie en un seul acte (La chambre de la Comtesse)	
Scènes 1 et 2	La Comtesse promet à Suzanne de l'aider à épouser Figaro et de faire échouer les projets libertins du Comte. Figaro veut éveiller la jalousie de celui-ci en lui transmettant un faux billet doux adressé à la Comtesse. Il prévoit en outre d'envoyer Chérubin déguisé en Suzanne au rendez-vous galant fixé par Almaviva dans le jardin, au crépuscule.
Scènes 3 à 21	La Comtesse et Suzanne déguisent Chérubin qui, recherché par le Comte, se cache dans un cabinet où Suzanne se substitue à lui et déroute ainsi le Comte, jaloux et dupé par les femmes.
Scènes 22 et 23	Marceline demande au Comte de rendre justice dans l'affaire du mariage que lui a promis Figaro.
Scènes 24 à 26	La Comtesse avertit Suzanne qu'elle se rendra elle-même, déguisée et à l'insu de Figaro, au rendez-vous fixé par le Comte dans le jardin.

Acte III : un procès perdu et des parents retrouvés (La salle d'audience, dans le château)	
Scènes 1 à 11	Almaviva, perplexe, envoie secrètement à Séville son valet Pédrille pour vérifier que Chérubin s'y trouve, et sonde Figaro pour savoir si Suzanne l'a averti de ses projets
Scènes 12 à 15	Procès de Figaro, à qui le Comte ordonne de rembourser Marceline ou bien de l'épouser le jour même.
Scènes 16 à 20	Figaro découvre que Marceline et Bartholo sont ses véritables parents, et ceux-ci décident dese marier.

Acte IV : un stratagème en pleine cérémonie nuptiale (Une galerie décorée pour la fête)	
Scènes 1 à 3	Tandis que Figaro se réjouit, Suzanne et la Comtesse préparent leur stratagème.
Scènes 4 à 16	Durant la cérémonie de mariage, le Comte reconnaît Chérubin déguisé en fille et reçoit discrètement un billet de rendez-vous de Suzanne. Mais Figaro surprend Fanchette, chargée de remettre à Suzanne l'épingle signifiant la réponse du Comte. Il confie à Marceline sa décision d'épier le rendez-vous donné le soir sous les marronniers.

Acte V : un vertigineux jeu de cachettes et de méprises (Le parc du château, sous les marronniers)	
Scènes 1 à 3	Préparatifs de la fête et monologue de Figaro, qui récapitule sa vie chaotique.
Scènes 4 à 19	Enchaînement de quiproquos favorisé par l'obscurité et l'échange de vêtements entre Suzanne et la Comtesse. Chérubin et le Comte, épiés par Figaro, Marceline et Fanchette, courtisent successivement la Comtesse qu'ils prennent pour Suzanne. Celle-ci se réconcilie avec Figaro, tandis que le Comte, démasqué, se repent de son infidélité. La pièce se clôt par un «vaudeville» chanté par les principaux personnages.

Pause lecture 1 Comment donner le ton de la comédie au lever de rideau ?

Acte I ▪ scène 1

Retour au texte

1 • Où et quand l'action se passe-t-elle ? Quels éléments spatio-temporels font écho au titre de la pièce *La Folle Journée ou le Mariage de Figaro* ?

2 • Qu'apprend-on sur les différents personnages présents ou évoqués ?

Interprétations

Le cadre d'une « folle journée »

3 • Que peuvent symboliser la « chambre à demi démeublée » et le « grand fauteuil de malade », présentés dans la didascalie initiale ? Quel rôle jouera le fauteuil dans les scènes 7 à 9 de l'acte I ?

4 • Quels gestes et quelles paroles des deux personnages soulignent l'importance donnée à l'espace de la chambre ?

5 • Comment cette scène relie-t-elle le passé, le présent et l'avenir des personnages ?

L'amorce de l'intrigue

6 • Quels traits de caractère de Figaro et de Suzanne leur dialogue fait-il ressortir ? Qui semble mener le jeu ?

7 • Quel conflit et quelle alliance à venir sont ici annoncés ?

8 • Comparez cette scène d'exposition avec l'extrait de *La Mère coupable* (texte p. 217) en relevant dans celui-ci les indices du vieillissement des personnages.

L'allégresse comique et sensuelle

9 • Comment cette scène d'exposition inscrit-elle la pièce dans l'univers de la comédie ?

10 • À quoi tient la vivacité de l'enchaînement des répliques

11 • Relevez les allusions érotiques et commentez leurs effets.

Et vous ?

Écriture d'invention

Écrivez à votre tour une autre scène d'exposition du *Mariage* qui mettrait en scène le personnage du Comte dans un monologue.

Beaumarchais, *L'Autre Tartuffe ou la Mère coupable* (1792)

Dans ce troisième volet de la trilogie, écrit et joué durant la Révolution française, Beaumarchais imagine ce qu'ont pu devenir ses personnages vingt ans après l'action du Mariage de Figaro.

SUZANNE, FIGARO, *regardant avec mystère.*
Cette scène doit marcher chaudement.

SUZANNE. – Entre donc, Figaro ! tu prends l'air d'un amant en bonne fortune[1] chez ta femme !

FIGARO. – Peut-on vous parler librement ?

SUZANNE. – Oui, si la porte reste ouverte.

FIGARO. – Et pourquoi cette précaution ?

SUZANNE. – C'est que l'homme dont il s'agit peut entrer d'un moment à l'autre.

FIGARO, *appuyant.* – Honoré-Tartuffe-Bégearss ?

SUZANNE. – Et c'est un rendez-vous donné. Ne t'accoutume donc pas à charger son nom d'épithètes ; cela peut se redire et nuire à tes projets.

FIGARO. – Il s'appelle Honoré !

SUZANNE. – Mais non pas Tartuffe.

FIGARO. – Morbleu !

SUZANNE. – Tu as le ton bien soucieux !

FIGARO. – Furieux. (*Elle se lève.*) Est-ce là notre convention ? M'aidez-vous franchement, Suzanne, à prévenir un grand désordre ? Serais-tu dupe encore de ce très méchant homme ?

SUZANNE. – Non ; mais je crois qu'il se méfie de moi : il ne me dit plus rien. J'ai peur, en vérité, qu'il ne nous croie raccommodés.

FIGARO. – Feignons toujours d'être brouillés.

SUZANNE. – Mais qu'as-tu donc appris qui te donne une telle humeur ?

FIGARO. – Recordons-nous[2] d'abord sur les principes. Depuis que nous sommes à Paris, et que M. Almaviva... (Il faut bien lui donner son nom, puisqu'il ne souffre plus qu'on l'appelle Monseigneur...).

SUZANNE, *avec humeur.* – C'est beau ! et Madame sort sans livrée[3] ! nous avons l'air de tout le monde !

FIGARO. – Depuis, dis-je, qu'il a perdu, par une querelle du jeu, son libertin de fils aîné, tu sais comment tout a changé pour nous ! comme l'humeur du comte est devenue sombre et terrible !

SUZANNE. – Tu n'es pas mal bourru non plus !

FIGARO. – Comme son autre fils paraît lui devenir odieux !

SUZANNE. – Que trop !

FIGARO. – Comme Madame est malheureuse !

SUZANNE. – C'est un grand crime qu'il commet !

FIGARO. – Comme il redouble de tendresse pour sa pupille Florestine ! Comme il fait surtout des efforts pour dénaturer sa fortune !

SUZANNE. – Sais-tu, mon pauvre Figaro, que tu commences à radoter ? Si je sais tout cela, qu'est-il besoin de me le dire ?

FIGARO. – Encore faut-il bien s'expliquer pour s'assurer que l'on s'entend. N'est-il pas avéré pour nous que cet astucieux Irlandais, le fléau de cette famille, après avoir chiffré, comme secrétaire, quelques ambassades[4] auprès du Comte, s'est emparé de leurs secrets à tous ? que ce profond machinateur a su les entraîner de l'indolente Espagne en ce pays remué de fond en comble[5], espérant y mieux profiter de la désunion où ils vivent pour séparer le mari de la femme, épouser la pupille, et envahir les biens d'une maison qui se délabre ?

SUZANNE. – Enfin, moi ! que puis-je à cela ?

FIGARO. – Ne jamais le perdre de vue ; me mettre au cours de ses démarches…

SUZANNE. – Mais je te rends tout ce qu'il dit.

FIGARO. – Oh ! ce qu'il dit… n'est que ce qu'il veut dire ! Mais saisir, en parlant, les mots qui lui échappent, le moindre geste, un mouvement ; c'est là qu'est le secret de l'âme ! Il se trame ici quelque horreur ! Il faut qu'il s'en croie assuré ; car je lui trouve un air… plus faux, plus perfide et plus fat ; cet air des sots de ce pays, triomphant avant le succès ! Ne peux-tu être aussi perfide que lui ? l'amadouer, le bercer d'espoir ? quoi qu'il demande, ne pas le refuser ?…

SUZANNE. – C'est beaucoup !

FIGARO. – Tout est bien, et tout marche au but, si j'en suis promptement instruit.

Acte I, scène 2.

1. Homme qui a du succès auprès des femmes.
2. Rappelons-nous.
3. Sans domestiques.
4. Après avoir écrit, de manière codée, quelques dépêches d'ambassadeur.
5. Allusion aux bouleversements de la Révolution française de 1789.

Pause lecture 2 Quels ressorts comiques exploite cette « comédie dans la comédie » ?

Acte II ■ scène 16

Retour au texte

1 • Récapitulez brièvement les péripéties qui s'enchaînent depuis le début de l'acte II.

2 • Comment le dramaturge exploite-t-il ici l'espace scénique et le décor ?

3 • Quelle information essentielle est connue des spectateurs mais ignorée du Comte et de la Comtesse ? Quel effet crée ce décalage ?

Interprétations

Une double méprise

4 • Comment le dialogue et les didascalies soulignent-ils l'émotion grandissante des personnages et l'effet de crescendo dramatique ?

5 • À quels autres moments de la pièce fait écho l'aparté du Comte : « Je trouverai partout ce maudit page ! » (l. 41-42) ?

6 • Analysez l'enchaînement des répliques, et notamment la manière dont le Comte rebondit sur certains mots employés par son épouse, qui s'emmêle en voulant se justifier.

Un jeu parodique

7 • Quels éléments pourraient avoir une dimension pathétique ? Qu'est-ce qui permet néanmoins la prédominance du registre comique ?

8 • La scène de « l'amant dans le placard » est devenue traditionnelle dans le théâtre de boulevard ou le vaudeville du XIXe siècle : comparez ainsi la scène du Mariage de Figaro avec l'extrait de Boubouroche (texte p. 221), en analysant notamment l'utilisation de l'espace scénique et la dimension comique des personnages.

La « disconvenance sociale »

9 • Quelle facette du caractère d'Almaviva est ici révélée par son emportement ?

10 • Comment se trouve confirmée l'ambiguïté des sentiments de la Comtesse envers Chérubin ?

11 • Dans quelle mesure cette scène illustre-t-elle le procédé de la « disconvenance sociale » exposé dans la préface de la pièce (p. 15, l. 86) ?

Et vous ?

Jeu théâtral

Deux groupes d'élèves joueront cette scène en classe. Un premier duo accentuera la portée comique de la scène tandis que deux autres interprètes feront ressortir la dimension pathétique de la Comtesse face à la violence de son mari.

Georges Courteline, *Boubouroche* (1892)

Balourd au cœur tendre, Boubouroche apprend par un voisin qu'Adèle, sa maîtresse, le trompe. Celle-ci nie avec indignation, alors que son amant, André, est caché dans un meuble du salon.

ADÈLE. – … Tout cela parce que, soi-disant, il aurait vu passer deux ombres sur la transparence d'un rideau ! D'abord tu es ivre.

BOUBOUROCHE. – Ce n'est pas vrai.

ADÈLE. – Alors tu mens.

BOUBOUROCHE. – Je ne mens pas.

ADÈLE. – Donc tu es gris ; c'est bien ce que je disais !… (*Effarement ahuri de Boubouroche.*) De deux choses l'une : tu as vu double ou tu me cherches querelle.

BOUBOUROCHE (*troublé et qui commence à perdre sa belle assurance*). – Enfin, ma chère amie, voilà ! Moi…, on m'a raconté des choses.

ADÈLE (*ironique*). – Et tu les as tenues pour paroles d'Évangile ? Et l'idée ne t'est pas venue un seul instant d'en appeler à la vraisemblance ? aux huit années de liaison que nous avons derrière nous ? (*Silence embarrassant de Boubouroche.*) C'est délicieux ! En sorte que je suis à la merci du premier chien coiffé venu… Un monsieur passera, qui dira : « Votre femme vous est infidèle », moi je paierai les pots cassés ; je tiendrai la queue de la poêle ?

BOUBOUROCHE. – Mais…

ADÈLE. – Détrompe-toi.

BOUBOUROCHE (*à part*). – J'ai fait une gaffe.

ADÈLE. – Celle-là est trop forte, par exemple. (*Tout en parlant, elle est revenue au guéridon et elle y a pris la lampe, qu'elle apporte à Boubouroche.*) Voici de la lumière.

BOUBOUROCHE. – Pour quoi faire ?

ADÈLE. – Pour que tu ailles voir toi-même. Ne fais donc pas l'étonné.

BOUBOUROCHE (*se dérobant*). – Tu n'empêcheras jamais les gens qui aiment d'être jaloux.

ADÈLE. – Tu l'as déjà dit.

BOUBOUROCHE. – Moi ?... Quand ça ?

ADÈLE (*à part*). – Oh ! (*Haut.*) Tu m'ennuies ! Je te dis de prendre cette lampe... (*Boubouroche prend la lampe*)... et d'aller voir. Tu connais l'appartement, hein ? Je n'ai pas besoin de t'accompagner ?

BOUBOUROCHE (*convaincu*). – Ne sois donc pas méchante, Adèle. Est-ce que c'est ma faute, à moi, si on m'a collé une blague ? Pardonne-moi, et n'en parlons plus.

ADÈLE (*moqueuse*). – Tu sollicites mon pardon ?... C'est bizarre !... Ce n'est donc plus à moi de mériter le tien par mon repentir et par ma bonne conduite ?... (*Changement de ton.*) Va toujours, nous verrons plus tard. Comme, au fond, tu es plus naïf que méchant, il est possible – pas sûr, pourtant – que je perde, moi, un jour, le souvenir de l'odieuse injure que tu m'as faite. Mais j'exige... tu entends ? j'exige ! que tu ne quittes cet appartement qu'après en avoir scruté, fouillé, l'une après l'autre chaque pièce. Il y a un homme ici, c'est vrai.

BOUBOUROCHE (*goguenard*). – Mais non.

ADÈLE. – Ma parole d'honneur. (*Indiquant de son doigt le bahut*[2] *où est enfermé André.*) Tiens, il est là-dedans ! (*Boubouroche rigole.*) Viens donc voir.

BOUBOUROCHE (*au comble de la joie*). – Tu me prendrais pour une poire !

ADÈLE. – Voici la clé de la cave.

BOUBOUROCHE (*les yeux au ciel*). – La cave !

ADÈLE. – Tu me feras le plaisir d'y descendre…

BOUBOUROCHE. – Tu es dure avec moi, tu sais.

ADÈLE. – … et de regarder entre les tonneaux et les murs. Ah ! je te fais des infidélités ?… Ah ! je cache des amants chez moi ?… Eh bien, cherche, mon cher, et trouve !

BOUBOUROCHE. – Allons ! Je n'ai que ce que je mérite.

La lampe au poing, il va lentement, non sans se retourner de temps en temps pour diriger vers Adèle, qui demeure impitoyable et muette, des regards suppliants de chien battu, jusqu'à la petite porte de droite, qu'il atteint enfin et qu'il pousse. Coup d'air. La lampe s'éteint.

BOUBOUROCHE. – Bon !

Mais à la seconde précise où l'ombre a envahi le théâtre, la lumière de la bougie qui éclaire la cachette d'André est apparue très visible.

ADÈLE (*étouffant un cri*). – Ah !

BOUBOUROCHE (*à tâtons*). – Voilà une autre histoire. Tu as des allumettes, Adèle ? (*Brusquement.*) Tiens !… Qu'est-ce que c'est que ça ?… de la lumière !

Précipitamment, il dépose sa lampe, court au bahut, l'ouvre tout grand et se recule en poussant un cri terrible.

Acte II, scène 2

1. Dans la scène précédente, André, l'amant d'Adèle, a dit exactement la même phrase que Boubouroche.
2. Grand buffet.

Quel rôle joue le coup de théâtre de l'acte III dans l'intrigue ?

Acte III ▪ scène 16

Retour au texte

1 • À quel verdict aboutit le procès dans la scène précédente ? Qui paraît alors vainqueur ?

2 • Quel indice, dans la scène 4 de l'acte I, préparait les retrouvailles entre Figaro et ses parents ? Celles-ci semblent-elles vraisemblables ?

3 • Quelle est l'importance de cette péripétie pour la suite de l'intrigue ?

Interprétations

Une scène de reconnaissance burlesque

4 • Comment s'accomplit la révélation des liens familiaux ? Dégagez-en les étapes différentes

5 • Montrez en quoi l'histoire de Figaro parodie celle d'Œdipe, en vous référant au mythe grec et à l'extrait de la tragédie de Sophocle (texte p. 225).

6 • À votre avis, Beaumarchais cherche-t-il surtout à faire rire ou à émouvoir les spectateurs ?

Une dénonciation du sort des femmes

7 • Quelle métamorphose apparaît chez Marceline ? Comparez cette nouvelle situation au rôle qu'elle tenait jusqu'ici dans la pièce.

8 • Quels reproches adresse-t-elle à Bartholo et aux hommes en général ?

9 • Quelle est la tonalité de son discours ?

La question des origines et du bonheur

10 • Expliquez la phrase de Marceline : « Ne regarde pas d'où tu viens, vois où tu vas » (l. 92-93). En quoi fait-elle écho au monologue de Figaro (acte V, sc. 3) ?

11 • Quel art de vivre suggèrent les deux dernières répliques de Marceline et de Figaro ?

Et vous ?

Débat oral

Lors des premières représentations de la pièce, les comédiens avaient exigé la suppression des lignes 52 à 108. Simulez un débat oral entre les comédiens qui justifient leur demande et l'auteur qui défend son œuvre.

Sophocle, *Œdipe roi* (vers 430 av. J.- C.)

Cette tragédie, reprenant le mythe d'Œdipe, est construite à la façon d'une enquête : en cherchant à savoir pourquoi la peste sévit sur Thèbes, Œdipe va découvrir la vérité sur ses propres origines et sur ses crimes involontaires (il a sans le savoir tué son père, Laïos, et épousé sa mère, Jocaste, qui l'avaient abandonné à sa naissance pour empêcher l'accomplissement du destin prédit par un oracle). Il interroge ici le berger qui l'avait confié, bébé, à ses parents adoptifs.

ŒDIPE. – Ce n'est donc pas toi qui m'avais trouvé ? Tu me tenais d'un autre ?

LE CORINTHIEN. – Oui, un autre berger t'avait remis à moi.

ŒDIPE. – Qui est-ce ? le peux-tu désigner clairement ?

LE CORINTHIEN. – Il était sans nul doute des gens de Laïos.

ŒDIPE. – Du prince qui régnait sur ce pays jadis ?

LE CORINTHIEN. – Parfaitement, c'était un berger de ce roi.

ŒDIPE. – Est-il vivant encore, que je puisse le voir ?

LE CORINTHIEN. – C'est vous, gens du pays, qui le sauriez le mieux.

ŒDIPE (*au Chœur*). – Parmi ceux qui sont là est-il quelqu'un qui sache quel est le berger dont parle cet homme, s'il habite aux champs, si on l'a vu ici ? Parlez donc franchement : le moment est venu de découvrir enfin le mot de cette affaire.

LE CORYPHÉE. – Je crois bien qu'il n'est autre que le berger fixé à la campagne que tu désirais voir. Mais Jocaste est là : personne ne pourrait nous renseigner mieux qu'elle.

ŒDIPE. – Tu sais, femme : l'homme que tout à l'heure nous désirions voir et celui dont il parle…

JOCASTE. – Et n'importe de qui il parle. N'en aie nul souci. De tout ce qu'on t'a dit, va, ne conserve même aucun souvenir. À quoi bon !

ŒDIPE. – Impossible. J'ai déjà saisi trop d'indices pour renoncer désormais à éclaircir mon origine.

JOCASTE. – Non, par les dieux ! Si tu tiens à la vie, non, n'y songe plus. C'est assez que je souffre, moi.

ŒDIPE. – Ne crains donc rien. Va, quand je me révélerais et fils et petit-fils d'esclaves, tu ne serais pas, toi, une vilaine pour cela.

JOCASTE. – Arrête-toi pourtant, crois-moi, je t'en conjure.

ŒDIPE. – Je ne te croirai pas, je veux savoir le vrai.

JOCASTE. – Je sais ce que je dis. Va, mon avis est bon.

ŒDIPE. – Eh bien ! tes bons avis m'exaspèrent à la fin.

JOCASTE. – Ah ! puisses-tu jamais n'apprendre qui tu es !

ŒDIPE. – N'ira-t-on pas enfin me chercher ce bouvier ? Laissons-la se vanter de son riche lignage.

JOCASTE. – Malheureux ! malheureux ! oui, c'est là le seul nom dont je peux t'appeler. Tu n'en auras jamais un autre de ma bouche.

Elle rentre, éperdue, dans le palais.

1. Porte-parole du chœur, dans la tragédie antique.
2. Gardien de bœufs.

Pause lecture 4 — Comment le monologue transforme-t-il un valet de comédie en héros ?

Acte V ▪ scène 3

Retour au texte

1 • Où et quand la scène se déroule-t-elle ? Quels éléments antérieurs motivent le monologue de Figaro ? Fait-il avancer l'action ?

2 • Distinguez les différentes étapes du discours en analysant le rôle des didascalies.

Interprétations

L'autobiographie d'un héros picaresque

3 • À l'aide du texte 1 (p. 228), montrez en quoi Figaro se rapproche et se distingue d'un héros de roman picaresque.

4 • Reportez-vous à la biographie de Beaumarchais (p. 4-5) pour dégager les analogies entre l'auteur et son héros.

5 • Relevez quelques procédés stylistiques et tournures syntaxiques qui soulignent le caractère mouvementé et chaotique de la vie de Figaro.

Les revendications d'un homme du peuple

6 • Quels abus ou injustices Figaro dénonce-t-il successivement ?

7 • Quels abus ou injustices Figaro dénonce-t-il successivement ?

8 • En quoi le monologue fait-il écho aux débats polémiques du siècle des Lumières et aux revendications du tiers état (voir Contextes, p. 6-7) ?

Une interrogation philosophique

9 • Quelles expressions suggèrent que la vie de Figaro est soumise au hasard ?

10 • Comment l'autoportrait de Figaro, à la fin du monologue, met-il en évidence la complexité du personnage ? Quel trait de caractère dominant souligne-t-il néanmoins ?

11 • En comparant ce monologue à celui de Hamlet (texte 2, p. 229), expliquez pourquoi Figaro pourrait être considéré comme un « Hamlet comique ».

Et vous ?

Écriture d'invention

En vous inspirant du monologue de Figaro, rédigez le monologue d'un personnage désabusé qui raconte sa vie après avoir connu une déception d'ordre sentimental, amical ou professionnel.

Texte 1 • *Dictionnaire des littératures française et étrangères* (1992)

Dans le seul domaine espagnol, les diverses fictions romanesques que l'on fait entrer dans la composition du genre picaresque présentent quelques caractères communs : autobiographie (souvent fictive) d'un personnage masculin ou féminin en général d'origine très humble, le picaro (gueux) ou la picara, que ses aventures et ses métiers successifs entraînent à se frotter, selon les maîtres qu'ils servent, aux diverses classes sociales. Le picaro est un « antihéros » qui, poussé par la faim, cherche, parfois vainement, à se faire une place dans une société au sein de laquelle il mène une vie de marginal, et emploie tous les moyens pour subsister (ruse, fourberie, rapine, vol, duperies). Le genre picaresque se signale par l'absence de sentiments élevés, en particulier l'amour, et par une certaine complaisance dans la scatologie.

[…] L'accomplissement du personnage se définit par une identification croissante et de plus en plus consciente à l'action délictueuse : identification et conscience dessinent à la fois la réalité des conduites sociales (la tromperie) et l'évidence de la loi morale. C'est pourquoi le personnage du marginal présente une définition typologique lisible d'un roman à l'autre : naissance infamante ou petite-bourgeoise, qui est le signe de l'exclusion ; éducation négligée et découverte du monde où l'homme est un loup pour l'homme ; passage de l'état de dupe à celui de dupeur – la dualité passivité/activité inaugure le roman d'apprentissage. Quelques lieux, quelques moments et quelques épreuves spécifiques confirment les données de cette typologie : séjour en prison, rencontre de l'initiateur à la duperie.

Jacques Demougin (dir.), extrait de l'article « Le genre picaresque », © Larousse, 1992.

1. Grossièreté.
2. Qui a le caractère d'un délit ; illégale.

Texte 2 • William Shakespeare, *Hamlet* (1602)

Hamlet, prince héritier du Danemark, cherche à venger son père assassiné par sa mère et son oncle. Dans ce célèbre monologue, il s'interroge sur le sens de l'existence et de l'action.

HAMLET

Être ou n'être pas. C'est la question.
Est-il plus noble pour une âme de souffrir
Les flèches et les coups d'une indigne fortune[1]
Ou de prendre les armes contre une mer de troubles
Et de leur faire front et d'y mettre fin ? Mourir, dormir,
Rien de plus ; terminer, par du sommeil,
La souffrance du cœur et les mille blessures
Qui sont le lot de la chair : c'est bien le dénouement
Qu'on voudrait, et de quelle ardeur !… Mourir, dormir,
– Dormir, rêver peut-être. Ah, c'est l'obstacle !
Car l'anxiété des rêves qui viendront
Dans ce sommeil des morts, quand nous aurons
Réduit à rien le tumulte de vivre,
C'est ce qui nous réfrène, c'est la pensée
Qui fait que le malheur a si longue vie.
Qui en effet supporterait le fouet du siècle,
L'exaction du tyran, l'outrage de l'orgueil,
L'angoisse dans l'amour bafoué, la loi qui tarde
Et la morgue[2] des gens en place, et les vexations
Que le mérite doit souffrir des êtres vils[3],
Alors qu'il peut se donner son quitus[4]
D'un simple coup de poignard ? Qui voudrait ces fardeaux
Et gémir et suer à longueur de vie,

Si la terreur de quelque chose après la mort,
Ce pays inconnu dont nul voyageur
N'a repassé la frontière, ne troublait
Notre dessein, nous faisant préférer
Les maux que nous avons à d'autres, obscurs ?
Ainsi la réflexion fait de nous des lâches,
Les natives couleurs de la décision
Passent, dans la pâleur de la pensée,
Et des projets d'une haute volée
Sur cette idée se brisent, ils y viennent perdre
Leur nom même d'action… Allons, du calme.
Voici la belle Ophélie… Nymphe, dans tes prières,
Souviens-toi de tous mes péchés.

Acte III, scène 1, trad. Y. Bonnefoy, © Gallimard, « Folio », 1978.

---

1. Destin.
2. Arrogance, insolence.
3. Méprisables.
4. Se donner son quitus : être quitte, se libérer.

Retour au texte

1 • Quels éléments, dans le traitement du temps, de l'espace ou de l'action, donnent le rythme endiablé d'une « folle journée » ?

2 • Quand interviennent la musique et le chant ? Quelle est leur fonction ?

Interprétations

Un auteur attentif à la mise en scène

3 • Que révèlent les « Caractères et habillements » (p. 36) sur l'importance accordée aux costumes et au jeu des comédiens ?

4 • Étudiez les fonctions des didascalies dans les scènes 8 de l'acte I, 4 de l'acte II et 9 de l'acte IV.

5 • Comparez les scènes comportant un « témoin caché » dans *Le Mariage de Figaro* (acte I, sc. 8 et 9 ou acte V, sc. 5 à 12) à l'extrait de *Britannicus* (texte 1, p. 232) : quelles différences remarquez-vous dans l'emploi des didascalies ? En quoi cela peut-il influer sur la mise en scène ?

Une utilisation dynamique de l'espace scénique

6 • Cherchez, en vous référant au texte 2 (p. 234), ce qui sert de « troisième lieu » dans la scène 8 de l'acte I et au cours de l'acte V. Quels effets crée ce procédé ?

7 • Recherchez dans les scènes I, 7 ; I, 8 ; II, 14 ; IV, 4 des allusions à divers espaces hors scène et expliquez leur rôle.

8 • À partir d'exemples, montrez comment l'espace scénique devient un enjeu dramatique.

La circulation des objets

9 • Retracez le jeu avec le ruban et l'épingle et analysez les valeurs symboliques de ces deux accessoires, en vous aidant du texte 3 (p. 235).

10 • Que symbolise le « bouquet virginal » porté par Suzanne dans la scène d'exposition ? Dans quelle autre scène réapparaît-il ?

11 • Quels autres objets et accessoires jouent un rôle dans l'intrigue ?

Et vous ?

Écriture d'invention

Récrivez l'extrait de *Britannicus* (texte 1, p. 232) en insérant plusieurs didascalies telles qu'en comporte *Le Mariage de Figaro*.

Texte 1 • Jean Racine, *Britannicus* (1669)

Cette tragédie classique s'inspire d'un épisode de l'histoire romaine : le cruel empereur Néron est amoureux de Junie, la fiancée de son demi-frère Britannicus, qui est aussi l'héritier légitime du trône. Néron fait enlever la jeune fille et lui impose de faire croire à Britannicus qu'elle ne l'aime plus. Il assiste, caché, à la rencontre des deux amants.

SCÈNE 4 • NÉRON, JUNIE, NARCISSE[1]

NARCISSE
Britannicus, Seigneur, demande la Princesse :
Il approche.

NÉRON
Qu'il vienne.

JUNIE
Ah ! Seigneur.

NÉRON
Je vous laisse.
Sa fortune[2] dépend de vous plus que de moi.
Madame, en le voyant, songez que je vous voi[3].

SCÈNE 5 • JUNIE, NARCISSE

JUNIE
Ah ! cher Narcisse, cours au-devant de ton maître ;
Dis-lui… Je suis perdue, et je le vois paraître.

SCÈNE 6 • JUNIE, BRITANNICUS, NARCISSE

BRITANNICUS

Madame, quel bonheur me rapproche de vous ?
Quoi ? je puis donc jouir d'un entretien si doux ?
Mais parmi ce plaisir quel chagrin me dévore !
Hélas ! puis-je espérer de vous revoir encore ?
Faut-il que je dérobe, avec mille détours,
Un bonheur que vos yeux m'accordaient tous les jours ?
Quelle nuit ! Quel réveil ! Vos pleurs, votre présence,
N'ont point de ces cruels désarmé l'insolence ?
Que faisait votre amant[4] ? Quel démon envieux
M'a refusé l'honneur de mourir à vos yeux ?
Hélas ! dans la frayeur dont vous étiez atteinte,
M'avez-vous en secret adressé quelque plainte ?
Ma Princesse, avez-vous daigné me souhaiter ?
Songiez-vous aux douleurs que vous m'alliez coûter ?
Vous ne me dites rien ? Quel accueil ! Quelle glace !
Est-ce ainsi que vos yeux consolent ma disgrâce ?
Parlez. Nous sommes seuls : notre ennemi trompé,
Tandis que je vous parle, est ailleurs occupé.
Ménageons les[5] moments de cette heureuse absence.

JUNIE

Vous êtes en des lieux tout pleins de sa puissance.
Ces murs même, Seigneur, peuvent avoir des yeux ;
Et jamais l'Empereur n'est absent de ces lieux. […]

Acte II, scènes 4, 5, et début de la scène 6.

---

1. Gouverneur de Britannicus.
2. Son sort.
3. Vois (rime pour l'œil).
4. Britannicus.
5. Profitons des.

Texte 2 • Jacques Scherer, *La Dramaturgie de Beaumarchais* (1954)

Cet ouvrage analyse les innovations dramaturgiques du théâtre de Beaumarchais, et définit notamment la notion d'un « troisième lieu » scénique.

Dans l'immense majorité des pièces de théâtre, le spectateur n'est appelé à imaginer que deux lieux distincts : celui qu'il voit sur la scène, figuré par le décor, et celui qu'il suppose dans la coulisse, et qui est contigu[1] au précédent. Ces deux lieux, qu'on pourrait appeler les deux lieux naturels de l'espace théâtral, ne suffisent pas toujours à Beaumarchais. Bien souvent, il en imagine ou nous force à en imaginer un troisième. Ce troisième lieu n'est pas de même nature que les deux autres. Alors que ceux-ci sont en général inertes, le troisième lieu est doué d'une valeur dynamique qui entraîne des caractéristiques parfois fort complexes. Il est lié à des notions aussi fondamentales et aussi universelles pour tout théâtre que celles de cachette, de surprise, de déguisement, de mensonge. [...]

À plusieurs reprises, les personnages de Beaumarchais se sentent à l'étroit dans les deux lieux qui constituent leur espace scénique normal, et ont besoin, pour échapper à quelque difficulté, d'un troisième lieu qui leur manque et que pourtant leur ingéniosité – ou celle de l'auteur – doit trouver quelque part.

Un des passages les plus mouvementés du deuxième acte du *Mariage de Figaro* est construit de [cette] façon. Le Comte va surprendre Chérubin dans la chambre de la Comtesse, à la scène 10 ; Chérubin se cache dans le cabinet de toilette attenant, en coulisse, qui est le deuxième lieu ; la Comtesse dit à son mari que c'est Suzanne qui se trouve dans ce cabinet ; quand arrive la véritable Suzanne, il faut qu'elle se cache, provisoirement, dans un troisième lieu : l'alcôve qui est au fond de la pièce remplit cette fonction. Le Comte part chercher une pince pour forcer la porte du cabinet ; il est accompagné de la Comtesse. Suzanne doit alors, pour sauver la Comtesse, prendre la place de Chérubin dans le cabinet. Mais que faire du petit page ? L'alcôve ne peut lui convenir ; la prudence exige qu'il fuie vite et loin la colère du Comte. Les deux personnages cherchent désespérément un troisième lieu :

SUZANNE. – Sortez, vous n'avez pas une minute.

CHÉRUBIN, *effrayé*. – Et par où sortir ?

SUZANNE. – Je n'en sais rien, mais sortez.

SUZANNE. – S'il n'y a pas d'issue ?

Il y a toujours une issue, tout au moins dramaturgique. Sous la pression de l'urgence, Chérubin saute par la fenêtre, dans le jardin.

1. Qui est à côté, voisin de.

Texte 3 • Michel Delon, « Un morveux sans conséquence » (1985)

En étudiant le rôle de Chérubin, Michel Delon analyse la fonction dramaturgique et symbolique des objets qui circulent dans la pièce.

Or cette expression de « morveux sans conséquence », Suzanne la lance au moment précis où elle laisse arracher le ruban, où elle laisse Chérubin accomplir ce geste dont les conséquences se répercutent jusqu'à la fin de la pièce et même au-delà dans *La Mère coupable*. Commence alors une ronde qui met en jeu trois objets, le grand fauteuil, le ruban, la romance. Le grand fauteuil de malade trône depuis le lever du rideau au milieu de la scène, au milieu de cette pièce qui devait devenir chambre nuptiale mais dont reste absent le beau lit promis par Monseigneur aux jeunes époux. Par sa taille et ses commodités, le fauteuil fait fonction de lit. Dans la scène 7, on tourne autour, dans les scènes suivantes, on se cache derrière, dedans. Fauteuil de malade et fauteuil d'amour, il dit à la fois le désir et sa difficile réalisation. Il sert de pivot au mouvement qui entraîne Suzanne et Chérubin, à ce jeu qui leur fait échanger un ruban contre une romance.

Suzanne, comme chaque matin, vient d'assister au lever de sa maîtresse, elle sort de sa chambre « un bonnet de femme avec un large ruban dans la main, une robe de femme sur le bras » (I, 5). « Elle jette la robe qu'elle tient sur une chaise », durant le court monologue qui constitue la scène 6. Il lui reste en main le bonnet et le ruban que Chérubin ne découvre qu'au moment où sa rêverie se fixe sur le corps de la Comtesse, habillé le matin, déshabillé le soir, par sa soubrette, épingle à épingle. Les deux pièces de vêtement sont marquées par le contact corporel, par une intimité physique nocturne. Le vol du ruban devient l'image métaphorique d'un rapt, sinon d'un viol, d'un corps pris par surprise. Le geste complémentaire de Suzanne lui confère bien cette signification. Chérubin a arraché le ruban, Suzanne arrache la romance qui contient l'aveu de la passion. Cette passion se matérialise à travers les deux gestes : Chérubin prend l'initiative, mais Suzanne joue son rôle d'intermédiaire et de substitut. Le mouvement de fuite se fait alternativement dans un sens puis dans l'autre et on ne s'étonne pas que l'échange des objets symboliques prélude à un échange de baisers et de soufflets qui lui-même annonce la confusion des scènes finales sous les marronniers. Les deux objets qui commencent à circuler, n'arrêteront plus désormais de se charger de significations.

Article paru dans *Analyses et réflexions sur* Le Mariage de Figaro, © Ellipses, 1985.

Lecture transversale 2 Les femmes ont-elles le beau rôle ?

Retour au texte

1 • Présentez les différents personnages féminins en montrant que chacun incarne un âge, une condition sociale et un type de femme particuliers.

Interprétations

Des femmes qui semblent mener le jeu…

2 • Dans la scène d'exposition, quels éléments donnent à Suzanne une certaine supériorité sur Figaro ? Cet avantage se confirme-t-il par la suite ?

3 • Quand et comment Suzanne et la Comtesse décident-elles de duper à la fois le Comte et Figaro ? Cette solidarité féminine semble-t-elle parfois menacée ?

4 • En quoi Marceline est-elle en rapport de force avec Figaro, jusqu'à l'acte III, et avec Bartholo ?

… et dénoncer leur sort…

5 • Quelle forme de domination symbolise le « droit du seigneur » ?

6 • De quelles injustices se plaignent respectivement Rosine (dans l'acte II, notamment) et Marceline (dans la scène 16 de l'acte III) ?

7 • Le siècle des Lumières voit l'émergence de revendications qu'on nommera plus tard « féministes » : quels échos pouvez-vous percevoir entre les questions soulevées à ce propos dans *Le Mariage de Figaro* et les textes des pages 238 à 242 ?

… mais qui restent dépendantes de la loi des hommes

8 • Quel défaut Figaro reproche-t-il aux femmes au début de son long monologue (acte V, sc. 3) ? En quoi cette accusation relève-t-elle d'un cliché misogyne ? Quels autres passages de la pièce confirment ce préjugé ?

9 • Quelle « leçon » la Comtesse reçoit-elle de son mari dans la scène 7 de l'acte V ?

10 • Quel sens le vaudeville final (acte V, sc. 19) donne-t-il à la pièce ?

Et vous ?

Rédigez une nouvelle scène de dénouement du *Mariage de Figaro*, sous la forme d'un dialogue entre les quatre personnages féminins commentant l'intrigue et le tour joué aux hommes.

Texte 1 • Marivaux, *La Colonie* (1750)

Dans cette courte pièce inspirée de deux comédies antiques d'Aristophane (L'Assemblée des femmes, Lysistrata), les habitantes d'une île imaginaire se révoltent contre la domination masculine. L'une d'elles, Arthénice, fait à ses compagnes l'éloge de la femme.

ARTHÉNICE. – Venons à l'esprit, et voyez combien le nôtre a paru redoutable à nos tyrans ; jugez-en par les précautions qu'ils ont prises pour l'étouffer, pour nous empêcher d'en faire usage ; c'est à filer, c'est à la quenouille[1], c'est à l'économie de leur maison, c'est au misérable tracas d'un ménage, enfin c'est à faire des nœuds, que ces messieurs nous condamnent.

UNE FEMME. – Véritablement, cela crie vengeance.

ARTHÉNICE. – Ou bien, c'est à savoir prononcer sur des ajustements, c'est à les réjouir dans leurs soupers, c'est à leur inspirer d'agréables passions, c'est à régner dans la bagatelle, c'est à n'être nous-mêmes que la première de toutes les bagatelles ; voilà toutes les fonctions qu'ils nous laissent ici-bas ; à nous qui les avons polis, qui leur avons donné des mœurs, qui avons corrigé la férocité de leur âme ; à nous, sans qui la terre ne serait qu'un séjour de sauvages, qui ne mériteraient pas le nom d'hommes.

UNE DES FEMMES. – Ah ! les ingrats ; allons, Mesdames, supprimons les soupers dès ce jour.

UNE AUTRE. – Et pour des passions, qu'ils en cherchent.

MADAME SORBIN. – En un mot comme en cent, qu'ils filent à leur tour.

ARTHÉNICE. – Il est vrai qu'on nous traite de charmantes, que nous sommes des astres, qu'on nous distribue des teints de lis et de roses, qu'on nous chante dans les vers, où le soleil insulté pâlit de honte à notre aspect, et comme vous voyez, cela est considérable ; et puis les transports, les extases, les désespoirs dont on nous régale, quand il nous plaît.

MADAME SORBIN. – Vraiment, c'est de la friandise qu'on donne à ces enfants.

UNE AUTRE FEMME. – Friandise, dont il y a plus de six mille ans que nous vivons.

Scène 9.

1. Instrument servant à filer la laine.

Texte 2 • Voltaire, « Femmes, soyez soumises à vos maris » (1759-1768)

Voltaire défend le droit des femmes dans ce pamphlet, au titre ironique, qui met en scène le dialogue entre un abbé et une femme d'une quarantaine d'années, la maréchale de Grancey, désireuse de se cultiver après avoir profité des plaisirs de la vie.

L'abbé de Châteauneuf la rencontra un jour toute rouge de colère. « Qu'avez-vous donc, Madame ? lui dit-il.

– J'ai ouvert par hasard, répondit-elle, un livre qui traînait dans mon cabinet ; c'est, je crois, quelque recueil de lettres ; j'y ai vu ces paroles : *Femmes, soyez soumises à vos maris* ; j'ai jeté le livre.

– Comment, Madame ! savez-vous bien que ce sont les *Épîtres* de saint Paul[1] ?

– Il ne m'importe de qui elles sont ; l'auteur est très impoli. Jamais monsieur le maréchal ne m'a écrit dans ce style ; je suis persuadée que votre saint Paul était un homme très difficile à vivre. Était-il marié ?

– Oui, Madame.

– Il fallait que sa femme fût bien une bonne créature : si j'avais été la femme d'un pareil homme, je lui aurais fait voir du pays. *Soyez soumises à vos maris !* Encore s'il s'était contenté de dire : *Soyez douces, complaisantes, attentives, économes,* je dirais : Voilà un homme qui sait vivre ; et pourquoi soumises, s'il vous plaît ? Quand j'épousai M. de Grancey, nous nous promîmes d'être fidèles : je n'ai pas trop gardé ma parole, ni lui la sienne ; mais ni lui ni moi ne promîmes d'obéir. Sommes-nous donc des esclaves ? N'est-ce pas assez qu'un homme, après m'avoir épousée, ait le droit de me donner une maladie de neuf mois, qui quelquefois est mortelle ? N'est-ce pas assez que je mette au jour avec de très grandes douleurs un enfant qui pourra me plaider[2] quand il sera majeur ? Ne suffit-il pas que je sois sujette tous les mois à des incommodités très désagréables pour une femme de qualité, et que, pour comble, la suppression d'une de ces douze maladies par an soit capable de me donner la mort, sans qu'on vienne me dire encore : *Obéissez ?*

« Certainement la nature ne l'a pas dit ; elle nous a fait des organes différents de ceux des hommes ; mais en nous rendant nécessaires les uns aux autres, elle n'a pas prétendu que l'union formât un esclavage. Je me souviens bien que Molière a dit :

Du côté de la barbe est la toute-puissance[3]

Mais voilà une plaisante raison pour que j'aie un maître ! Quoi ! parce qu'un homme a le menton couvert d'un vilain poil rude, qu'il est obligé de tondre de fort près, et que mon menton est né rasé, il faudra que je lui obéisse très humblement ? Je sais bien qu'en général les hommes ont les muscles plus forts que les nôtres, et qu'ils peuvent donner un coup de poing mieux appliqué : j'ai bien peur que ce ne soit là l'origine de leur supériorité. [...] »

In : *Mélanges, pamphlets et œuvres polémiques,* 1759-1768, Gallimard, « Bibliothèque de la Pléiade », 1961, p. 1280-1281.

1. Apôtre du christianisme (Ier siècle après J.-C.).
2. Faire un procès.
3. Vers extrait de *L'École des femmes* (1662).

Texte 3 • Denis Diderot, *Supplément au voyage de Bougainville* (1772)

Au cours de son dialogue philosophique qui compare la civilisation tahitienne aux sociétés européennes, Diderot rapporte une histoire qui passait alors pour vraie. Elle avait été en fait inventée par l'Américain Benjamin Franklin en 1747.

Une fille, Miss Polly Baker, devenue grosse[1] pour la cinquième fois, fut traduite devant le tribunal de justice de Connecticut[2], près de Boston. La loi condamne toutes les personnes du sexe qui ne doivent le titre de mère qu'au libertinage à une amende, ou à une punition corporelle lorsqu'elles ne peuvent payer l'amende. Miss Polly, en entrant dans la salle où les juges étaient assemblés, leur tint ce discours : « Permettez-moi, Messieurs, de vous adresser quelques mots. Je suis une fille malheureuse et pauvre, je n'ai pas le moyen de payer des avocats pour prendre ma défense, et je ne vous retiendrai pas longtemps. […]. Permettez-moi d'oublier un moment que la loi existe, alors je ne conçois pas quel peut être mon crime ; j'ai mis cinq beaux enfants au monde, au péril de ma vie, je les ai nourris de mon lait, je les ai soutenus de mon travail ; et j'aurais fait davantage pour eux, si je n'avais pas payé des amendes qui m'en ont ôté les moyens. Est-ce un crime d'augmenter les sujets de Sa Majesté dans une nouvelle contrée qui manque d'habitants ? Je n'ai enlevé aucun mari à sa femme, ni débauché aucun jeune homme ; jamais on ne m'a accusée de ces procédés coupables, et si quelqu'un se plaint de moi, ce ne peut être que le ministre[3] à qui je n'ai point payé de droits de mariage. Mais est-ce ma faute ? J'en appelle à vous, Messieurs ; vous me supposez sûrement assez de bon sens pour être persuadés que je préférerais l'honorable état de femme à la condition honteuse dans laquelle j'ai vécu jusqu'à présent. J'ai toujours désiré et je désire encore de me marier, et je ne crains point de dire que j'aurais la bonne conduite, l'industrie[4] et l'économie convenables à une femme, comme j'en ai la fécondité. Je défie qui que ce soit de dire que j'aie refusé de m'engager dans cet état. Je consentis à la première et seule proposition qui m'en ait été faite ; j'étais vierge encore ; j'eus la simplicité de confier mon honneur à un homme qui n'en avait point ; il me fit mon premier enfant et m'abandonna. Cet homme, vous le connaissez tous : il est actuellement magistrat comme vous et s'assied à vos côtés ; j'avais espéré qu'il paraîtrait aujourd'hui au tribunal et qu'il aurait intéressé votre pitié en ma faveur, en faveur d'une malheureuse qui ne l'est que par lui ; alors j'aurais été incapable de l'exposer à rougir en rappelant ce qui s'est passé entre nous. Ai-je tort de me plaindre aujourd'hui de l'injustice des lois ? La première cause de mes égarements, mon séducteur, est élevée au pouvoir et aux honneurs par ce même gouvernement qui punit mes malheurs par le fouet et par l'infamie. [...] »

Chapitre III.

1. Enceinte.
2. Diderot confond cet État avec une ville.
3. Pasteur protestant.
4. Habileté, savoir-faire.

Lecture transversale 3 La « folle journée » : une vertigineuse quête des identités ?

Retour au texte

1 • Comment, pour les personnages, se conjuguent, dans l'acte V, les questions suivantes : « qui suis-je ? », « qui est qui ? » et « qui est où ? » ?

Interprétations

« Qui suis-je ? »

2 • De qui Figaro s'imagine-t-il être le fils avant de découvrir ses véritables parents ? En vous aidant du texte 1 (p. 244), expliquez pourquoi cette interrogation sur ses origines est une caractéristique essentielle du personnage, qui devient une sorte de double de l'auteur.

3 • Quelle image de la vie et du caractère de Figaro se dégage de son long monologue (acte V, sc. 3) ? En quoi celui-ci fait-il écho à l'extrait de *Jacques le Fataliste*, p. 245 ?

4 • L'identité d'un personnage peut apparaître comme d'abord déterminée par sa classe sociale. Comment le conflit entre maître et valet, dans cette pièce, conduit-il à repenser le lien entre identité et statut social ?

Des personnages ambigus

5 • À quelles contradictions du Comte renvoient les deux citations suivantes : « On ne sait comment définir le Comte : il est jaloux et libertin » (acte I, sc. 4, l. 18-19) et « Vous commandez à tout ici, hors à vous-même » (acte V, sc. 12, l. 12-13) ?

6 • À quoi tient l'ambivalence de la Comtesse « agitée de deux sentiments contraires » (p. 36, l. 13) ? Précisez quels sont ces sentiments contraires.

7 • En quoi Chérubin déclarant : « Je ne sais plus ce que je suis » (acte I, sc. 7, l. 52-53) incarne-t-il une identité ambiguë et instable ?

Le jeu du masque et du hasard

8 • À l'aide du texte 3 de Georges Benrekassa (p. 246), montrez que le thème de la séduction libertine intègre un jeu troublant sur les identités individuelles.

9 • Dans l'acte V, que suggèrent les méprises d'Almaviva et de Figaro qui prennent tous deux la Comtesse pour Suzanne, tandis que le Comte confond son valet avec le page ?

10 • Quel sens peut-on également donner au jeu des répliques en « écho » dans ce dernier acte (voir scènes 7, 8 et 19) ?

Texte 1 • Yves Moraud, *La Conquête de la liberté, de Scapin à Figaro* (1981)

Cet ouvrage étudie l'évolution du personnage du valet dans la comédie, de Molière à Beaumarchais.

Beaumarchais et Figaro ont tous les deux, tout au long de leur vie, été confrontés à un problème essentiel, déterminant, inévacuable, le problème de l'identité, auquel l'un et l'autre vont répondre par le défi ou plutôt par une succession de défis. Au commencement était l'énigme : « Fils de je ne sais pas qui… forcé de parcourir la route où je suis entré sans le vouloir… » Beaumarchais et Figaro partagent sinon le même secret, du moins la même obsession : celle du père, ou, si l'on veut, celle du fondement de l'existence[1]. Comment être reconnu quand soi-même on ne se reconnaît pas de vrai père, que peut-on faire quand on se sait né du néant ou quand son existence commence par un mensonge ? Figaro est fils naturel de Bartholo, mais jamais la nature ne l'en a averti, jamais il n'eût pu imaginer que le docteur était son père. Et que Marceline était sa mère. Les reconnaît-il, ils sont aux antipodes de cette noble famille de laquelle il rêvait de descendre. Longtemps fils du néant, puis fils de la médiocrité : autant dire fils de rien ou de quelque chose que l'on refuse, tel est Figaro. Pierre-Augustin Caron, quant à lui, connaît son père et l'aime. Mais ce père a dû, pour exister civilement, pour travailler, pour se marier, avoir des enfants qui ne mourussent point illégitimes, abjurer[2] sa foi calviniste. C'est-à-dire tricher, prendre masque, devenir un autre lui-même. Beaumarchais, parce qu'il a été blâmé par la cour en 1774, s'est vu retirer « tous ses droits civiques, celui d'avoir un nom, de se marier, de tester, d'occuper des fonctions publiques, de traiter des affaires, ou d'être joué au Français »[3]. Comment accepter qu'une société accule d'honnêtes gens au désespoir, au mensonge, au déguisement ? Quel crédit accorder à un état civil quand le blâmé Pierre Augustin Caron de Beaumarchais, devenu à quarante-deux ans fils de personne, se trouve au même moment reçu très amicalement à Versailles par Louis XV, puis part à Londres pour une délicate mission sous le faux nom de M. de Ronac ?

Beaumarchais, Figaro : deux hommes [...] qui doivent prendre leur élan d'un passé vide ou d'un divorce d'avec la société ; aventuriers par nécessité et par tempérament, chez qui la projection dans l'action et dans la révolte supplée aux carences de la naissance. « Perdu dans la foule obscure, il m'a fallu déployer plus de science et de calculs, pour subsister seulement, qu'on en a mis depuis cent ans à gouverner toutes les Espagnes : et vous voulez jouter... j'ai tout vu, tout fait, tout usé... » [...] C'est à travers le perpétuel changement à quoi les condamne une société qui les exclut qu'ils poursuivent vainement une obsession d'identité.

Il semble parfois que cette succession d'entreprises dans lesquelles ils se lancent figure un chemin initiatique en vue, soit de retrouver une identité dont la société les a privés à leur naissance, soit de s'en attribuer une par la seule force de leur génie. Que Figaro redécouvre ou qu'il conquière, il est dans les deux cas l'artisan de sa réussite, le créateur de soi-même, son propre père.

1. Le thème des enfants naturels est l'un des grands thèmes du théâtre de l'époque et avec, Nivelle, Diderot et Beaumarchais débute « une longue campagne de réhabilitation qui ne s'achèvera qu'au XXe siècle ».
2. Renier.
3. Grendel, *Beaumarchais ou la Calomnie*, Flammarion, 1973.

Texte 2 • Denis Diderot, *Jacques le Fataliste* (1778-1780)

Dans ce roman fait de conversations enchevêtrées, Jacques, le valet fataliste mais joyeux, discute avec son maître durant un voyage vers on ne sait où, et raconte sa vie digne d'un héros picaresque (voir p. 228).

JACQUES. – Mon maître, on ne sait de quoi se réjouir, ni de quoi s'affliger dans la vie. Le bien amène le mal, le mal amène le bien. Nous marchons dans la nuit au-dessous de ce qui est écrit là-haut, également insensés dans nos souhaits, dans notre joie et dans notre affliction. Quand je pleure, je trouve souvent que je suis un sot.

LE MAÎTRE. – Et quand tu ris ?

JACQUES. – Je trouve encore que je suis un sot, cependant, je ne puis m'empêcher de pleurer ni de rire : et c'est ce qui me fait enrager. J'ai cent fois essayé… Je ne fermai pas l'œil de la nuit…

LE MAÎTRE. – Non, non, dis-moi ce que tu as essayé.

JACQUES. – De me moquer de tout. Ah ! si j'avais pu y réussir.

LE MAÎTRE. – À quoi cela t'aurait-il servi ?

JACQUES. – À me délivrer de souci, à n'avoir plus besoin de rien, à me rendre parfaitement maître de moi, à me trouver aussi bien la tête contre une borne, au coin de la rue, que sur un bon oreiller. Tel je suis quelquefois ; mais le diable est que cela ne dure pas, et que dur et ferme comme un rocher dans les grandes occasions, il arrive souvent qu'une petite contradiction, une bagatelle me déferre ; c'est à se donner des soufflets. J'y ai renoncé ; j'ai pris le parti d'être comme je suis ; et j'ai vu, en y pensant un peu, que cela revenait presque au même, en ajoutant : Qu'importe comme on soit ? C'est une autre résignation plus facile et plus commode.

1. Gifles.

Texte 3 • Georges Benrekassa, « L'individualité de Figaro » (1985)

Cette analyse montre que le questionnement sur les identités individuelles est au cœur du Mariage de Figaro.

Cette séduction (au sens propre, écarter du droit chemin) est bien le thème de la pièce comme elle est constitutive de la personne de Figaro, à qui son maître rappellera qu'il ne l'a jamais vu « aller droit » à la Fortune ; mais plus que ce thème, pour comprendre comment se constitue dramaturgiquement l'individualité de Figaro, il faut retenir ce qui est le *leit-motiv*[1] profond de la *Folle Journée*. Cette identité scintillante, or vrai et pacotille, est prise dans un drame, ou une comédie – dans une comédie qui frôle et évite le drame – dont le vrai sujet est précisément l'identité. [...]. Séduction et duplicité... Peut-être un des plaisirs de mise en scène du *Mariage* est-il de montrer une Suzanne, celle-là même qui paraît incarner la parfaite fidélité à soi, un peu plus ambiguë et charmeuse qu'il ne faut face au Comte, qu'il ne s'agit pas seulement de berner, mais sur lequel on essaie un pouvoir. Ne parlons pas du jeu des femmes avec le petit androgyne, des travestissements et transformations, des palpitations-hésitations du cœur de la Comtesse. La *crise* finale mérite bien son nom, moment d'indécision sous les grands marronniers, mais où il faut ménager des pôles « vrais » pour que le malaise ne s'installe pas.

Analyses et réflexions sur Le Mariage de Figaro, © Ellipses.

1. Le motif caractéristique, qui revient souvent dans l'œuvre.

Comment et pourquoi mettre en scène un témoin caché ?

▶ Dossier central images en couleur

Retour aux images

1 • Décrivez brièvement la composition de chaque image.

2 • Quelles différences observez-vous entre le ou les « témoins cachés » dans chaque scène ? Lesquels vous paraissent écouter plus que voir ce qu'ils épient ?

3 • À quelles scènes de la pièce de Beaumarchais correspondent les documents I et II ?

Interprétations

Place et rôle des témoins cachés

4 • Comparez le décor et les costumes dans les documents I et II. Lesquels vous paraissent les plus traditionnels ?

5 • À quoi tient la dimension comique de la mise en scène dans le document II ?

6 • Qu'a de paradoxal la « cachette » d'Orgon dans le document III ?

7 • Comment le peintre souligne-t-il, dans le document IV, le contraste entre la grâce de Suzanne et la grossièreté des vieillards ?

Le regard du public

8 • Les spectateurs de ces mises en scène et du tableau voient-ils la même chose que les témoins cachés ?

9 • Quels liens entre le voyeurisme et l'art suggèrent ces différentes images ?

Et vous ?

Un metteur en scène du *Mariage de Figaro* réfléchit avec sa troupe de comédiens à la manière de représenter les témoins cachés sur scène durant le cinquième acte. Rédigez leur dialogue, qui rendra compte de leurs diverses interrogations et suggestions.

I

II

III

IV

I *Les Noces de Figaro*, Mozart, mise en scène de GÂrgÂ Strehler, avec G. Finley (Figaro) et P. CÂfi (Suzanne), Opéra natÂnal de Paris, 2003.

Célèbre metteur en scène italien, Giorgio Strehler (1921-1997) fit preuve d'un remarquable sens de l'esthétisme et de la magie de la scène. En 1973, il créa cette mise en scène des *Noces de Figaro*, opéra composé en 1786 sur un livret de Da Ponte, et qui reprend l'intrigue de la comédie de Beaumarchais.

II *Le Mariage de Figaro*, mise en scène de Ned Grujic, compagnie « Les Tréteaux de la Pleine Lune », avec A. Bégoin (Suzanne), É. Chantelauze (le Comte), F. Morel A l'Huissier (Chérubin), Paris, Théâtre 13, mars 2005.

Ned Grujic (né en 1969, d'origine serbe) cherche à lier le théâtre à la musique et à la danse dans ses mises en scène de grands classiques. Il a ainsi monté *Le Mariage de Figaro* avec des airs de musique slave, en soulignant l'esprit de fête, l'érotisme et la joyeuse décadence de la noblesse.

III *Le Tartuffe*, de Molière, mise en scène de Gwenaël Morin, théâtre de la Bastille, 2010, avec Grégoire Monsaingeon, Julian Eggerickx et Barbara Jung.

Voici une mise en scène originale d'un célèbre passage de *Tartuffe* (acte IV, sc. 5) : Orgon, caché sous une table à la demande de sa femme Elmire, découvre l'imposture du faux dévot Tartuffe, qui veut l'escroquer et courtiser Elmire.

IV Théodore Chassériau (1819-1856), *Suzanne au bain*, huile sur toile (2,55 x 1,96 m) Paris, musée du Louvre.

Peintre romantique, Chassériau représente ici une célèbre scène biblique : Suzanne, la chaste épouse d'un riche Babylonien, prend un bain dans son jardin ; elle est épiée par deux vieillards qui la menacent de l'accuser d'adultère si elle se refuse à eux. Elle sera sauvée par l'intervention d'un jeune garçon, Daniel.

« Il faudrait détruire la Bastille pour que la représentation de cette pièce ne fût pas une inconséquence dangereuse », aurait déclaré Louis XVI à la lecture d'une première version du *Mariage de Figaro* en 1781. On prête à Danton, l'un des chefs de la Révolution française, la formule : « Figaro a tué la noblesse », tandis que Napoléon aurait dit plus tard, à propos de la pièce : « C'est déjà la Révolution en action. » Ces petites phrases célèbres ont contribué, autant que les démêlés de Beaumarchais avec la censure, à forger la réputation subversive de la pièce, perçue comme un signe précurseur de la Révolution française. En contestant le « droit du seigneur » d'Almaviva, symbole des privilèges de la noblesse, et les injustices sociales, Figaro serait le porte-parole du tiers état, qui obtiendra l'abolition des privilèges et des droits seigneuriaux le 4 août 1789. Par ailleurs, la pièce critique une « foule d'abus qui désolent la société » (préface, p. 20, l. 221) : injustices faites aux femmes, mépris du mérite personnel, justice arbitraire ou corrompue, censure de la liberté d'expression...
Cette interprétation a été nuancée au XXe siècle. La comédie de Beaumarchais revendiquerait davantage une évolution, et non une révolution, de l'ordre social en faveur des roturiers entreprenants.

1 • Comment Gaillard (texte 1) justifie-t-il son avis favorable à la représentation du *Mariage de Figaro* ? Quels peuvent être, selon vous, les passages ou répliques qu'il suggère de corriger ou de supprimer ?

2 • À quoi tient « l'étonnement » éprouvé par La Harpe face au monologue de Figaro (texte 2) ?

3 • Dans le texte 3, comment l'historien évalue-t-il la dimension polémique de la pièce ?

4 • Comment Guicharnaud (texte 4) explique-t-il la réputation d'œuvre révolutionnaire qu'a acquise la pièce de Beaumarchais aux XIXe et XXe siècles ? Cette réputation paraît-elle justifiée ?

Texte 1 • Rapport de Gaillard *sur Le Mariage de Figaro* (XVIIIe siècle)

Voici un extrait du rapport sur Le Mariage de Figaro *qu'un historien contemporain de Beaumarchais, Gaillard, adressa au lieutenant de police.*

« Permettez-moi, Monsieur, de vous faire part de mon sentiment sur la comédie intitulée *La Folle Journée ou le Mariage de Figaro*.

Je l'ai entendu lire, et je l'ai lue ensuite avec toute l'attention dont je suis capable, et j'avoue que je ne vois aucun danger à en permettre la représentation en corrigeant deux endroits et en supprimant quelques mots dont on pourrait abuser malignement, ou faire des applications dangereuses ou méchantes.

La pièce est d'une très grande gaieté. [...] Les gens gais ne sont pas dangereux, et les troubles des États, les conspirations, les assassinats et toutes les horreurs que l'histoire de tous les temps nous apprend ont été conçus, combinés et exécutés par des gens réservés, tristes et sournois. La pièce d'ailleurs est intitulée *La Folle Journée*, et Figaro, le héros de cette pièce, est connu par la comédie du Barbier de Séville, dont celle-ci est la suite, pour un de ces intrigants du bas peuple dont l'exemple ne peut être dangereux pour aucun homme du monde. D'ailleurs, je crois qu'en s'élevant par la crainte du danger contre certaines choses peu importantes, on leur donne une valeur qu'elles n'avaient point, et l'on inspire aux sots ou aux méchants une crainte ou un avis d'un danger qui n'a point de réalité. »

Texte cité par Louis de Loménie, *Beaumarchais et son Temps*, Paris, © Michel-Lévy, 1856.

Texte 2 • La Harpe, *Le Lycée ou Cours de littérature ancienne et moderne* (1799-1805)

Poète et dramaturge, La Harpe (1739-1803) fonda en 1786 un « lycée », où il enseigna la littérature à un public mondain, et transcrivit plus tard ses cours dans un ouvrage monumental qui fit longtemps référence en matière d'histoire littéraire. Ce contemporain de Beaumarchais assista aux premières représentations du Mariage de Figaro, *dont il fit une critique à la fois sévère et ébahie, notamment à propos du monologue du valet (acte V, sc. 3).*

Je n'oublierai pas dans quel étonnement me jeta ce monologue, qui dure au moins un quart d'heure : mais cet étonnement changea bientôt d'objet, et le morceau était extraordinaire sous plus d'un rapport. Une grande moitié n'était que la satire du gouvernement : je la connaissais bien ; je l'avais entendue ; mais j'étais loin d'imaginer que le gouvernement pût consentir à ce qu'on lui adressât de pareilles apostrophes en plein théâtre. Plus on battait des mains, plus j'étais stupéfait et rêveur. Enfin, je conclus à part moi que ce n'était pas l'auteur qui avait tort ; qu'à la vérité le morceau, là où il était placé, était une absurdité incompréhensible[1], mais que la tolérance d'un gouvernement qui se laissait avilir à ce point sur la scène l'était encore bien plus, et qu'après tout Beaumarchais avait raison de parler ainsi sur le théâtre, n'importe à quel propos, puisqu'on trouvait à propos de la laisser dire.

C'était en 1784, peu d'années avant la Révolution ; et, quoique alors personne n'y songeât, les gens capables de penser et de prévoir, soit ceux de ce temps, soit ceux du nôtre, pouvaient et peuvent aujourd'hui mettre à profit les réflexions que doit faire naître ce monologue, trop long pour être transcrit ici, mais qui sera toujours curieux à relire. Je me borne à quelques lignes qui ne se rapportent même pas aux conséquences politiques dont je viens de parler, mais seulement à la disconvenance inouïe de ce langage avec la situation.

[ici, La Harpe cite un extrait du monologue de Figaro, de « Forcé de parcourir la route… » à « j'ai tout vu, tout fait, tout usé »].

On voit quel chemin avait fait cette *philosophie* du siècle pour amener ce *moi* de pyrrhonien[2] jusque dans une comédie, cette métaphysique mêlée à la bouffonnerie….

1. La Harpe a auparavant qualifié le monologue de « monstruosité en théorie dramatique », le jugeant trop long et invraisemblable d'un point de vue psychologique.
2. Sceptique (nom de Pyrrhon, philosophe grec fondateur du septicisme).

Texte 3 • Claude Petitfrère, *Le Scandale du* Mariage de Figaro *: prélude à la Révolution française ?* (1999)

Voici plusieurs extraits de l'ouvrage d'un historien portant sur la réception et l'impact politique du Mariage de Figaro *qui lui semble être, en 1784, le révélateur, plus que le catalyseur, des revendications à la veille de la Révolution.*

Le Mariage de Figaro est donc un pamphlet[1], souvent virulent, contre toute sorte d'injustices et de vices du régime. On conçoit qu'il ait passé pour une œuvre dangereuse auprès du roi, du comte de Provence[2] et de bien des défenseurs de l'état de choses établi. La pièce n'est pourtant point un brûlot[3] révolutionnaire et il faut se garder, tout particulièrement ici, du péché d'anachronisme. Beaumarchais dénonce certes les abus qu'il voudrait voir corrigés, mais il ne prétend à aucune réforme radicale. Il ne souhaite nullement la destruction de la société d'ordres ; il revendique seulement l'anoblissement du mérite. Figaro, d'une manière assez cocasse, prétend lui-même être noble.

Au début de la scène du procès, il se dit gentilhomme puis se donne bien du mal pour apporter un commencement de preuve [...].

Il n'en reste pas moins que *Le Mariage de Figaro* fut reçu par le public comme une pièce politique. Les élites ont eu deux attitudes opposées à son égard, mais qui se sont placées, l'une et l'autre, sur ce terrain-là. Les gens du parti du comte de Provence et du roi ont tout de suite considéré la pièce comme un danger pour l'ordre établi. Leurs adversaires, du clan du comte d'Artois[4], de Vaudreuil, voire des Polignac, ne prirent pas garde aux arguments que l'on pouvait tirer de la comédie contre la société de l'époque, contre leurs privilèges, contre eux-mêmes. Ils ont applaudi *Le Mariage de Figaro* parce qu'il avait été interdit par le roi. Ils se sont réjouis qu'il soit donné au public parce que la volonté royale en était bafouée. [...]

Mais [...] *Le Mariage de Figaro* n'aurait pas fait scandale sans l'intervention maladroite du pouvoir. C'est lui qui, par ses hésitations, de l'interdiction à la liberté, par ses tentatives pour imposer de force sa volonté qui étaient toujours suivies de reculs, a transformé une pièce de théâtre en une « *affaire* ». Or, les volte-face de la monarchie à propos de la comédie de Beaumarchais reflètent tout à fait la politique en dents de scie d'un pouvoir royal qui n'a jamais su persévérer dans ses choix, ou plutôt qui a toujours été incapable de choisir entre conservatisme et réforme. [...]

À peu près oublié au plus fort de la Révolution, redécouvert au temps de la république bourgeoise, Beaumarchais ne peut être tenu pour l'inspirateur des grands hommes des années 1790 qui, d'ailleurs, ne le revendiquèrent point. On ne saurait considérer davantage le 27 avril 1784[5] comme la première « *journée* » de la Révolution. Il n'en reste pas moins que, témoignage du rayonnement culturel de la France, symbole du bonheur de vivre d'un pays jeune et enrichi au cours du siècle, *Le Mariage de Figaro* est aussi la caisse de résonance des « *idées nouvelles* » et le révélateur des insatisfactions et des appétits des couches moyennes. Le scandale qu'il a suscité est le signe du malaise social et politique qui taraude l'Ancien Régime.

1. Écrit satirique qui attaque violemment quelque chose ou quelqu'un.
2. L'un des frères du roi Louis XVI (il régnera de 1814 à 1824 sous le nom de Louis XVIII).
3. Texte polémique.
4. Frère de Louis XVI et du comte de Provence (il régnera entre 1824 et 1830 sous le nom de Charles X).
5. Date de la première représentation, triomphale, du *Mariage de Figaro*.

Texte 4 • Jacques Guicharnaud, « 1784, 27 avril – Tout finit-it par des chansons... » (1993)

Dans une encyclopédie qui retrace l'histoire de la littérature française à partir de dates-événements, cet article examine le retentissement de la première représentation du Mariage de Figaro, *à la lumière de la réputation mythique de la pièce, dite « prérévolutionnaire ».*

Devant ce Figaro sans idéologie qui ne demande qu'à vivre heureux, libre et en sûreté dans la société de son temps, et cet Almaviva qui n'abuse du pouvoir que dans les limites de son désir sexuel, on pourrait, oublieux des cha-pitres suivants de l'histoire, réduire la pièce à un bel exemple de véracité : dans la tradition des moralistes et des satiristes classiques, l'auteur aurait eu l'art de saisir l'esprit du temps, ses contradictions et ses types sociaux, et l'aurait montré sur scène. Face à une société dont l'idéologie est en train de perdre son assurance et sa cohérence, où les pouvoirs en place sont hésitants, la pièce à son tour hésite et se déplace au milieu des éléments disparates d'une idéologie encore à naître – celle que la Révolution allait façonner.

Sous la Révolution, le personnage de Figaro fut promu au rang de mythe. Il n'est pas facile aujourd'hui de l'extraire de la gangue de significations accumulées pendant deux siècles, depuis l'iconographie allégorique où il figure en dénonciateur des injustices et les interprétations qui font de lui le premier des sans-culottes, jusqu'aux analyses marxistes. Tout le monde, acteurs, metteurs en scène et critiques, a sa propre idée sur l'importance des différents niveaux ou éléments de la pièce. *Le Mariage de Figaro* est une véritable comédie pré-révolutionnaire, comédie à cheval entre deux mondes, dans laquelle tout finit par des chansons. Mais faut-il y voir plus que l'éblouissante représentation des caprices et des folies d'une société chancelante, qui s'adonne corps et âme à la recherche du bonheur, inconsciente de la catastrophe qui menace ? Ou est-ce un lever de rideau prophétique sur l'un des plus grands bouleversements de l'histoire de l'Occident ?

Denis Hollier (dir.), *De la littérature française*, © Bordas.

Question d'actualité

Le mérite individuel peut-il triompher des privilèges de naissance ?

Figaro fait figure de champion d'un débat apparu au XVIIIe siècle et encore très vif aujourd'hui, malgré l'évolution du contexte historique : celui de la défense du mérite individuel contre les privilèges liés aux origines sociales et familiales.
La Révolution française répondra en partie aux revendications du tiers état (abolition des privilèges de la noblesse, Déclaration des droits de l'homme et du citoyen).
Au XIXe siècle, à l'époque romantique, des écrivains exaltent la figure du héros issu du peuple, avide de reconnaissance et de réussite sociale : Julien Sorel dans le roman *Le Rouge et le Noir* (1830) de Stendhal ou Ruy Blas dans la pièce du même nom de Victor Hugo (1838).
À partir de la IIIe République, instaurée en 1870, l'idéal républicain promeut le système de la « méritocratie », où chacun obtiendrait une place en fonction de sa valeur et de ses compétences propres. Depuis quelques années, la question des inégalités sociales est réactivée par le débat sur la « discrimination positive » consistant à favoriser l'accès aux études supérieures et au marché de l'emploi des personnes discriminées en raison de leur origine sociale ou ethnique, en particulier celles issues de l'immigration.

1 • En quoi l'anecdote rapportée par Rousseau (texte 1, p. 258) illustre-t-elle une revanche de « l'ordre naturel » sur l'ordre social ?

2 • En quoi consiste l'idée du devoir pour laquelle « s'enflamme » Julien Sorel (texte 2, p. 259) ? Quelles critiques adresse-t-il à la cour qui le juge ?

3 • Quel constat sur l'actuelle « égalité des chances » dressent les auteurs du texte 3 (p. 260) ?

4 • Quels avis divergents expriment les auteurs des textes 4 et 5 (p. 262 et 263) sur la « discrimination positive » ? Sur quels points s'accordent-ils cependant ? Quels autres arguments pourriez-vous avancer pour ou contre ces pratiques ?

Texte 1 • Jean-Jacques Rousseau, *Les Confessions* (1765-1770)

Dans ses Confessions, *Rousseau raconte sa vie mouvementée de fils d'artisan horloger (l'un de ses points communs avec Beaumarchais). Dans sa jeunesse, il se trouve employé comme laquais dans une maison de très haute noblesse, où il souffre du mépris que lui témoigne la petite-fille du comte, Mlle de Breil. Un dîner va lui donner l'occasion d'une revanche.*

On donnait ce jour-là un grand dîner, où, pour la première fois, je vis avec beaucoup d'étonnement le maître d'hôtel servir l'épée au côté et le chapeau sur la tête. Par hasard on vint à parler de la devise de la maison de Solar, qui était sur la tapisserie avec les armoiries : *Tel fiert qui ne tue pas.* Comme les Piémontais ne sont pas pour l'ordinaire consommés dans la langue française, quelqu'un trouva dans cette devise une faute d'orthographe, et dit qu'au mot *fiert* il ne fallait point de *t*.

Le vieux comte de Gouvon allait répondre ; mais ayant jeté les yeux sur moi, il vit que je souriais sans oser rien dire : il m'ordonna de parler. Alors je dis que je ne croyais pas que le *t* fût de trop, que *fiert* était un vieux mot français qui ne venait pas du nom ferus, fier, menaçant, mais du verbe ferit, il frappe, il blesse ; qu'ainsi la devise ne me paraissait pas dire : *Tel menace*, mais *tel frappe qui ne tue pas.*

Tout le monde me regardait et se regardait sans rien dire. On ne vit de la vie un pareil étonnement. Mais ce qui me flatta davantage fut de voir clairement sur le visage de Mlle de Breil un air de satisfaction. Cette personne si dédaigneuse daigna me jeter un second regard qui valait tout au moins le premier ; puis, tournant les yeux vers son grand-papa, elle semblait attendre avec une sorte d'impatience la louange qu'il me devait, et qu'il me donna en effet si pleine et entière et d'un air si content, que toute la table s'empressa de faire chorus[1]. Ce moment fut court, mais délicieux à tous égards. Ce fut un de ces moments trop rares qui replacent les choses dans leur ordre naturel, et vengent le mérite avili des outrages de la fortune[2].

Livre III.

1. Approuver, se joindre aux louanges.
2. Sort, destin.

Texte 2 • Stendhal, *Le Rouge et le Noir* (1830)

Julien Sorel, intelligent et ambitieux, rêve de s'élever au-dessus de sa condition de fils de charpentier. Engagé comme précepteur des enfants d'un notable de province, il devient l'amant de leur mère, Mme de Rénal, très éprise de lui. Quand celle-ci tente d'empêcher, par une lettre, le mariage de Julien avec une jeune aristocrate, il la blesse de deux coups de pistolet. Dans l'extrait suivant, il interpelle les jurés de son procès.

« Messieurs les jurés,

« L'horreur du mépris, que je croyais pouvoir braver au moment de la mort, me fait prendre la parole. Messieurs, je n'ai point l'honneur d'appartenir à votre classe, vous voyez en moi un paysan qui s'est révolté contre la bassesse de sa fortune.

« Je ne vous demande aucune grâce, continua Julien en affermissant sa voix. Je ne me fais point illusion, la mort m'attend : elle sera juste. J'ai pu attenter aux jours de la femme la plus digne de tous les respects, de tous les hommages. Mme de Rénal avait été pour moi comme une mère. Mon crime est atroce, et il fut *prémédité*. J'ai donc mérité la mort, Messieurs les jurés. Mais quand je serais moins coupable, je vois des hommes qui, sans s'arrêter à ce que ma jeunesse peut mériter de pitié, voudront punir en moi et décourager à jamais cette classe de jeunes gens qui, nés dans une classe inférieure et en quelque sorte opprimés par la pauvreté, ont le bonheur de se procurer une bonne éducation, et l'audace de se mêler à ce que l'orgueil des gens riches appelle la société.

« Voilà mon crime, Messieurs, et il sera puni avec d'autant plus de sévérité que, dans le fait, je ne suis point jugé par mes pairs. Je ne vois point sur les bancs des jurés quelque paysan enrichi, mais uniquement des bourgeois indignés… »

Chapitre 41 : « Le jugement ».

Texte 3 • Yazid Sabeg et Laurence Méhaignerie, *Les Oubliés de l'égalité des chances* (2006)

Fils d'un docker algérien venu travailler en France en 1952, Yazid Sabeg est devenu industriel et directeur d'une société de communication. Se considérant comme une exception à la règle des inégalités qu'il dénonce, il milite aujourd'hui en faveur de pratiques de « discrimination positive ».

Il ne suffit pas de proclamer l'égalité des droits pour réaliser l'égalité des chances. Le dernier tiers du XXe siècle en a fait la démonstration. La mobilité socio-professionnelle n'est pas plus grande aujourd'hui qu'elle ne l'était dans les années 1950 et la capacité de l'école à permettre aux Français de bénéficier de l'ascenseur social, quelle que soit leur origine, a montré ses limites. Le discours officiel de l'égalité de tous devant la loi ne parvient plus à masquer les discriminations, notamment raciales, aujourd'hui reconnues et de grande ampleur. […]

Le malaise qui résulte de ces situations n'a jamais été aussi profond. Il se traduit par un recul général et dangereux de la confiance dans les valeurs de la République, par une désolidarisation de la communauté nationale d'abord sur le plan social, puis culturel et civique. Il détruit le sentiment de fierté d'appartenance nationale, fondamental dans la République.

Qui sont les oubliés de l'égalité des chances ? Formant un gros quart de la population française, ils se répartissent peu ou prou en deux catégories : « les déclassés » d'une part et les « minorités visibles » d'autre part. Les premiers, Français de souche ouvrière ancienne, laissés-pour-compte des fruits de la croissance, font face à une situation grave de sous-emploi – la France est le seul pays développé où 20 % des actifs en âge de travailler sont exclus du marché de l'emploi.

Les seconds – principalement maghrébins et noirs – restent largement exclus de tous les champs de la représentation sociale et du destin de la société française, bien qu'ils représentent près de 12 % de la population. Invisibles ou presque dans les directions d'entreprise, les institutions, les corps intermédiaires, à la télévision et au sein de la sphère politique, ils sont aussi largement sous-représentés dans la fonction publique et dans les postes à grande visibilité (médias). À diplômes ou qualifications égaux, ils sont deux fois plus au chômage que la moyenne. Et un jeune diplômé sur deux « issu de l'immigration » est « déclassé » sur un poste d'exécution, contre un sur cinq pour la moyenne nationale. [...] Notre pays ne cesse de proclamer haut et fort des valeurs qu»il ne parvient plus à faire respecter. Comme si la proclamation symbolique et la célébration des principes républicains suffisaient à leur réalisation.

Texte 4 • Éric Keslassy, *Le Figaro* (9 décembre 2003)

Le débat sur la « discrimination positive » (voir texte 3, p. 260-261) a été particulièrement vif en France durant les dernières années de la présidence de Jacques Chirac. Un journaliste du Figaro *rappelle certains faits et prend parti dans l'article suivant.*

[...] Des processus de « discrimination positive » sont déjà à l'œuvre en France dans différents domaines. N'est-ce pas une loi sur la parité qui a été choisie pour améliorer la représentation politique des femmes ? Et qu'appliquons-nous dans certains quartiers ? Afin d'organiser une meilleure répartition des emplois, la politique de la ville permet d'octroyer des exonérations fiscales aux entreprises qui s'implantent dans les « zones franches ». On considère donc acceptable qu'un territoire ayant plus de handicaps soit davantage aidé que les autres. L'Éducation nationale n'a pas, elle non plus, hésité à appliquer un principe qui s'inscrit dans cette perspective : l'école censée faciliter la promotion sociale a dû constater son échec en créant des ZEP (zones d'éducation prioritaire) et par-là revenir sur l'un de ses principes fondateurs l'égalité – en acceptant que des avantages matériels et pédagogiques soient accordés à des écoles se situant dans des quartiers défavorisés. L'inégalité des chances a conduit à donner plus à ceux qui ont beaucoup moins de chance de réussir que les autres. Comme cela ne suffit pas aux lycéens de ZEP pour accéder en nombre à l'élite scolaire, il faut se satisfaire de l'innovation qui est intervenue dans le recrutement de l'IEP[1] de Paris : depuis trois ans, certains des meilleurs élèves de ZEP peuvent entrer à Sciences po à l'issue d'une sélection et d'un grand oral, mais sans passer par le concours, réputé très sélectif, auquel sont soumis tous les autres candidats. Il ne faut y voir qu'une mesure concrète pour donner un contenu réel au concept d'égalité des chances... [...] La « discrimination positive » consiste donc à tenir compte des avantages et des handicaps de départ des individus pour mieux concrétiser l'égalité des textes dans la réalité. Thématique extrêmement salutaire pour notre démocratie, elle est rejetée par ceux qui souhaitent rester enfermés dans le dogme républicain de l'égalité, les politiques hésitent à encourager de telles initiatives. Cette frilosité s'explique également par les dangers potentiels de la discrimination positive. Le plus évident : sacrifier la réussite par le mérite et l'effort au profit de celle liée à ses origines. Cette menace ne doit toutefois pas nous détourner de ces instruments correctifs qui peuvent d'ailleurs être temporaires, car ils sont à l'origine d'un bienfait irremplaçable : l'égalité est effectivement réalisée ! Une inégalité qui permet de compenser une inégalité de départ est juste. En outre, elle est nécessaire et efficace si l'on se refuse à accepter que les écarts se creusent davantage.

1. Institut d'études politiques. Celui de Paris est couramment appelé « Sciences Po ».

Texte 5 • Alain-Gérard Slama, « Contre la discrimination positive. La liberté insupportable » (2004)

Professeur à l'IEP de Paris (Sciences Po), également journaliste au Figaro *et chroniqueur de radio (sur France-Culture), Alain-Gérard Slama explique ici pourquoi il condamne les pratiques de discrimination positive.*

Une société qui viole les principes sur lesquels elle repose, même au nom de fins justes, ne peut pas être une société juste. De là le sentiment de scandale que l'on éprouve devant les développements actuels du débat sur les discriminations positives. Cette formule juridique, venue des États-Unis, crée des statuts dérogatoires destinés à favoriser l'accès des plus démunis à l'école, à l'Université, aux médias, aux fonctions publiques ou aux mandats électoraux. Dans ce but, elle viole délibérément un droit fondamental de l'homme et du citoyen, repris en ces termes à l'article 1er de la Constitution de 1958 : la République « assure l'égalité devant la loi de tous les citoyens sans distinction d'origine, de race ou de religion ».

En tant qu'elle contredit ce principe, la discrimination positive constitue une entrave majeure au fonctionnement normal de la démocratie. Et cela à un double titre : parce qu'elle crée des inégalités au bénéfice de quelques-uns, elle déplace l'injustice au lieu de la combattre ; parce qu'elle identifie par leur appartenance à un groupe particulier les bénéficiaires de ces inégalités, elle les renforce dans la tentation du repli sur leur identité. La loi sur la représentation paritaire des sexes au Parlement et dans les collectivités locales a joué, en France, un rôle considérable dans l'accélération de cette dérive. [...]

N° 311, collectif, novembre 2004, © Pouvoirs.

Rencontre avec

Jacques Weber
comédien

Jacques Weber réalise actuellement un téléfilm adapté de la trilogie de Beaumarchais, avec, notamment, Isabelle Adjani dans le rôle de la Comtesse et Denis Podalydès dans celui de Figaro. Lui-même jouera le Comte, et Stanley Weber, son fils, Chérubin.

▸ ***Comment est né votre projet d'adaptation télévisuelle de la trilogie de Beaumarchais (*Le Barbier de Séville, Le Mariage de Figaro *et* La Mère coupable*) ?***

Le cœur de l'adaptation, c'est bien évidemment *Le Mariage de Figaro*. Le biais du flash-back, qui permet de revenir sur *Le Barbier de Séville*, et sur la jeunesse perdue, se révèle intéressant ; *La Mère coupable*, c'est le naufrage de l'âge, la stagnation d'un homme – Figaro – dont on pouvait penser qu'il était un homme de mouvement. Mon travail consiste à tout resserrer, afin de ne pas nous disperser dans des intrigues secondaires. Le but du théâtre est de nous questionner, ici en nous divertissant, autour des deux couples : d'un côté, le Comte et la Comtesse Almaviva, de l'autre, Suzanne et Figaro. Ces deux couples sont en permanence troublés par ce petit ruban, qui n'est autre que Cupidon, l'allégorie de l'amour et du désir, incarné par Chérubin.

▸ Quels intérêts et quelles difficultés présente ce genre d'adaptation ?

À partir du moment où l'on est animé par l'envie de raconter une chose précise, ce n'est pas si compliqué que cela. Ce qui est difficile, c'est d'être libre et désintimidé du chef-d'œuvre : la langue est si virtuose qu'on a envie de tout garder. Mais, par ailleurs, on sait que cette langue appartient intrinsèquement à cet objet théâtral non identifié qu'est *Le Mariage de Figaro*. Cette pièce a quelque chose de génial, qui s'empare de tous les terrains du théâtre de son époque. Il faut aller chercher, dans un premier temps, la petite théâtralité secrète, profonde, qui nous travaille.

▸ Avez-vous conservé l'unité de temps et de lieu ?

C'est un téléfilm de 1 h 45. Tout se passe à Aguas-Frescas, dans un château de moyenne aristocratie. Une fête de la domesticité est organisée autour du mariage de Figaro et de Suzanne. À partir de là, au détour d'une phrase, d'un regard, des souvenirs prennent forme et renvoient à des séquences courtes du *Barbier de Séville*. Puis à la fin, à l'occasion du bal masqué en scène de nuit du *Mariage de Figaro*, chacun se retrouve piégé, perdu dans « l'obscur objet du désir ». On effectue alors un saut dans le temps et on se retrouve à Paris, en 1793. Cette date en dit long : on est au début de la Terreur, le sang coule déjà, la place de Concorde est armée. On se trouve à l'ambassade d'Espagne, donc contre-révolutionnaire. Figaro, dont on a si souvent dit qu'il était une figure de la Révolution, continue d'appeler le Comte Almaviva « Monseigneur ». C'est le Comte qui le reprend en lui demandant : « Pourquoi ne m'appelles-tu pas Monsieur ? ». Voici un des tout-premiers signes, extrêmement importants, qui est envoyé par La *Mère coupable*. Cette « mère coupable », c'est la Comtesse Almaviva qui a eu un enfant avec Chérubin, et ça en dit long sur tout ce qui habitait secrètement *Le Mariage de Figaro*.

D'autre part, certaines intrigues appartiennent à la machine théâtrale et sont d'une complication incroyable : la reconnaissance de Figaro comme le fils de Marceline, les promesses d'argent. Nous avons ainsi décidé de supprimer tout le procès du *Mariage*.

▸ *Quelle importance accordez-vous aux rôles de Chérubin et de Marceline ?*

Marceline n'existe plus. C'était un choix délicat, assez douloureux, justifié par le fait que ce personnage appartient à une intrigue extrêmement complexe et assez peu crédible. Mon rôle n'est pas de rendre fidèlement, pédagogiquement compte du *Mariage de Figaro*, mais d'adapter une œuvre qui fera l'objet d'un téléfilm.

En revanche, on ne peut pas se passer de Chérubin. Cependant, contrairement à ce qui a souvent été fait, c'est-à-dire le travail sur une forme d'adolescence, de fragilité, voire de féminité du personnage, je trouve beaucoup plus intéressant d'avoir un vrai petit homme, dont la beauté est si séduisante et si masculine que le désir est fulgurant, omniprésent. Ainsi, libre aux femmes que ce désir les traverse ! Même Suzanne est traversée par ce désir, mais elle ne s'y arrête pas. Par contre, la Comtesse...

▸ *Votre adaptation conforte-t-elle la réputation subversive de la pièce ou fait-elle surtout ressortir son caractère joyeux ?*

La subversion est ailleurs que dans celle, prétendue, de Figaro. Ce personnage parle, parle – et à son époque, c'est extrêmement important – mais dit, dès *Le Barbier de Séville* : « trop heureux de retrouver mon ancien maître », c'est-à-dire de retrouver une forme d'ordre, de quitter le désordre de la liberté.

La subversion dans l'œuvre de Beaumarchais, est, je crois, du côté des femmes. C'est le bon sens génial, c'est l'aspect terrien de Suzanne qui renverse tout, qui lui fait dire : « Que les gens d'esprit sont bêtes ! ». Cette phrase est formidable ! Elle sous-entend qu'il faut se méfier de l'esprit qui complique. La subversion se retrouve aussi dans l'audace qu'ont les femmes de leur désir, malgré un danger considérable : le pouvoir du Comte. Elles mettent en jeu l'essentiel.

À l'opposé, tous les plans que Figaro met en place s'effondrent, comme s'effondre sa parole, puisqu'elle reste enfermée dans le château d'Aguas-Frescas ou dans l'ambassade d'Espagne. Figaro dit simplement : « si je pouvais faire tomber ce grand trompeur et empocher son or », mais il ne s'agit là que d'une petite vengeance. Il ne se révolte pas, il ne bouge pas, il monte de petits subterfuges (comme déguiser Chérubin en femme), mais cela ne va pas plus loin. Donc, oui, Figaro, est, à mon avis, le contraire d'un révolutionnaire. Et le contraire d'un révolutionnaire, c'est souvent un révolté.

▸ *La pièce multiplie les maximes et les bons mots. Quelles seraient vos répliques favorites ?*

Il y en une qui est saisissante : « L'amour n'est que le roman du cœur, c'est le plaisir qui en est l'histoire. » C'est abyssal. De même, quand le Comte prend la Comtesse pour Suzanne, il répond à la question : « Vous ne l'aimez plus ? » par « Je l'aime beaucoup. » Ce « je l'aime beaucoup » est extraordinaire. C'est au moment où il la quitte qu'il se rend compte qu'il l'aime infiniment.

Ou encore : « Que vouliez-vous en elle ? – Ce que je trouve en toi, ma beauté... – Mais dites donc. – ... Je ne sais. » Dans cette scène, le Comte est nu, vrai et troublé. « Ma beauté » peut se jouer de façon ambiguë : c'est aussi sa vérité qui s'exprime et qu'on pourrait traduire par : « Avec toi, je retrouve le fait d'être vrai, d'être vivant, avec moins d'uniformité. » C'est le fameux « je ne sais quoi », du XVIIe-XVIIIe siècle, qui fait tout le charme. Quelque chose de très mystérieux rode. Mozart l'a compris d'une façon hallucinante.

▸ *Quelles résonances peut avoir aujourd'hui la question du mérite personnel contre les privilèges de la naissance ?*

Voilà une vaste question ! Lors d'une représentation, la seule chose à laquelle on aspire, c'est l'instauration d'une sorte d'échange, des échos plus ou moins prégnants avec le monde que l'on traverse. Comme disait Jouvet, à propos du théâtre : « C'est une conversation bienveillante qui se continue. » Je pense que le problème se situe bien en amont. Ainsi, le Comte pardonne à Chérubin à la seule condition que celui-ci parte immédiatement sur le champ de bataille. Cela veut simplement dire que le droit du seigneur permet d'envoyer un enfant de 17 ans à la guerre. Un enfant qui se fait tuer dès le lendemain. Je pense que la notion de mérite individuel est très dangereuse. C'est l'écueil dans lequel on veut nous faire tomber. On énonce comme une vérité que, si on décide seul de s'en sortir, on le peut. C'est faux ! La preuve en est avec Figaro. La première réponse aux problèmes sociaux, aux privilèges, est avant tout culturelle. Pour pouvoir se battre, il faut pouvoir parler ; pour parler, il faut apprendre, et pour apprendre, il fait avoir accès au savoir. Et c'est cet accès-là qu'on doit avoir bien avant le mérite.

▸ ***Quelle idée vous faites-vous des quatre principaux personnages ? Qu'attendez-vous des acteurs choisis pour les incarner ?***

J'attends d'eux qu'ils n'aient aucune idée préconçue, qu'ils aient l'imaginaire largement ouvert, qu'ils soient des aventuriers, libres et sauvages comme le Figaro d'avant *Le Barbier*. Je ne veux pas d'archétype.

Je demande aux comédiens de ne pas être intimidés par la langue ni par le chef-d'œuvre, de retrouver la petite musique de Pialat (l'un des plus grands exemples de direction d'acteurs et de jeu cru, à vif), d'aller voir ce qui est tu derrière cette formidable célérité de la langue. Voilà ce que j'attends d'eux. Talleyrand disait : « On a appris à parler pour se taire. » Il faut méditer cette phrase.

Lire

• Beaumarchais, *Le Barbier de Séville* (1775) et *La Mère coupable* (1792)

L'avant et l'après du *Mariage de Figaro*

Le premier et le troisième volet de la « trilogie espagnole » dont Le Mariage de Figaro *constitue le centre. Où l'on apprend d'abord comment le Comte Almaviva a séduit la jeune Rosine avec l'aide de son valet Figaro, tandis que vingt ans après le mariage de Figaro et de Suzanne, on retrouve les mêmes personnages, désabusés ou hantés par le souvenir de leurs amours et de leurs fautes.*

• Stendhal, *Le Rouge et le Noir* (1830)

Désenchantement et révolte romantiques

Avide de s'élever au-dessus de sa condition de fils de charpentier, Julien Sorel, un jeune provincial, va se heurter à la société rigide de la Restauration dans sa volonté d'ascension sociale.

Victor Hugo, *Ruy Blas* (1838)

« Un ver de terre amoureux d'une étoile »

Dans l'Espagne du XVIIe siècle, Ruy Blas, un laquais amoureux de la reine et parvenu à de hautes fonctions grâce à son intelligence, est victime d'un complot orchestré par un aristocrate corrompu.

• Jean Genet, *Les Bonnes* (1947)

Une actualisation de la traditionnelle relation maître-serviteurs

Cette pièce modernise le thème traditionnel au théâtre de la relation entre maître et serviteurs en mettant en scène deux bonnes qui éprouvent un mélange de haine et de fascination envers leur patronne, qu'elles projettent d'assassiner.

• *La Règle du jeu*, Jean Renoir (1939)

Une comédie tragique

Durant une « folle soirée » de fête dans un château, le jeu social se dérègle et les masques tombent, transformant la comédie en tragédie. Un grand classique du cinéma, ouvertement inspiré du théâtre de Beaumarchais et de Musset.

• *Beaumarchais l'insolent*, Édouard Molinaro (1996)

Beaumarchais à l'écran

Ce film historique et biographique retrace les multiples facettes de l'écrivain, interprété par Fabrice Luchini, et sa vie mouvementée entre 1775 et 1784, dates de représentation du Barbier de Séville *et du* Mariage de Figaro.

• *Ridicule*, Patrice Leconte (1996)

Bel esprit et cruauté à la Cour de Louis XVI

Ce film historique, auquel on a pu reprocher quelques anachronismes, illustre la frivolité assortie de méchanceté des courtisans de Louis XVI tout en suggérant la crise sociale et politique de la France dans les dernières années de l'Ancien Régime.

• *Le Plafond de verre, Les Défricheurs*, Yamina Benguigui (2006)

Deux documentaires sur l'inégalité des chances à l'embauche

Deux films documentaires dont l'un témoigne des obstacles invisibles (comme un « plafond de verre ») qui limitent en France l'ascension professionnelle des jeunes diplômés issus de l'immigration, tandis que le second donne la parole à ceux, plus rares, qui ont réussi à franchir ces obstacles.

Table des illustrations

Couverture : *Le Mariage de Figaro*, mise en scène de Jean-Pierre Vincent, théâtre national de Chaillot, 1987, avec Didier Sandre (le comte Almaviva), Dominique Blanc (Suzanne), © Brigitte Enguerand.

p. 2-8 : Beaumarchais par J.-M. Nattier, collection particulière, Paris, BIS/Ph. Guiley-Lagache © Archives Larbor.

p. 6 : Louis XV par Carle Van Loo ou Vanloo, musée des Beaux-Arts, Dijon, BIS/Ph. © Archives Larbor.

p. 8 : Anonyme, BIS/Ph. © Archives Larbor.

p. 11 : Mise en scène A. Vitez, Comédie-Française, mars 1989 avec R. Fontana, G. Casile et D. Constanza, © Lipnitzki/Roger-Viollet.

p. 40d : *Figaro*, gravure, 1774, BIS/Ph. © Coll. Archives Larbor.

p. 40g : *Suzanne*, gravure 19e siècle, © Bridgeman-Giraudon/T.

p. 41d : *La Comtesse*, gravure, 19e siècle, BIS/Ph. Jeanbor © Archives Larbor.

p. 41g : *Le Comte*, gravure 19e siècle, © Coll. Archives Nathan.

p. 154 : *Beaumarchais l'insolent*, film d'Edouard Molinaro, 1995, © Collection Christophe L.

p. 213 : Théâtre d'ombres, © D.R.

p. 265 : Jacques Weber en 2006, © TPS/LYDIE/Sipa.

p. I et 249 : © Patrick Victor / ArtComArt.

p. II et 249 : © Victor Tonelli / ArtComArt.

p. III et 249 : © Patrick Berger / ArtComArt.

p. IV et 249 : © H. Lewandowski/RMN.

Conception graphique : Laurence Durandau/Laurence Ningre
Design de couverture : Denis Hoch
Recherche iconographique : Laurence Vacher
Mise en page : Axiome
Correction : Laure-Anne Voisin
Édition : Valérie Antoni
Direction éditoriale : Marie-Hélène Tournadre

MIXTE
Papier issu de sources responsables
FSC® C022030
FSC www.fsc.org

Impression & brochage SEPEC - France
Numéro d'impression : 06601151010 - Dépôt légal : novembre 2015
Numéro de projet : 10219560